나는 왜 바쁘기만 하고 실속이 없을까

나는 왜 바쁘기만 하고 실속이 없을까

효율적인 인생을 위한 심리학자의 7가지 조언

황양밍 지음 | 박소정 옮김

미래의창

서 문

나만의 효율 방정식을 찾아서

어려서부터 나는 효율적인 사람이었다. 인정하고 싶지 않지만 그때의 나는 효율적으로 책을 읽는 로봇이나 다름없었다. 어른이 돼서도 주변 사람들이 볼 때 나는 여전히 효율적인 사람이었다. 사람들은 내가 여러 가지 일을 하는 것 외에도, 매일 아침 헬스장에서 운동하고 아이들의 등하교를 책임지며 저녁밥을 하는 동안 드라마까지 감상하는 걸 보면서 어떻게 이 모든 일이 가능한지 궁금해한다.

그런데 내가 어릴 적에 보인 효율성과 지금의 효율성은 다르다. 어릴 적의 효율성은 모두가 생각하는 효율성效率性과 비슷하다. 즉, 최대한 빨리 일을 끝내는 것이다. 결과물의 수준까지 높으면 금상첨화다. 반면, 어른이 된 이후의 **효율성은 내가 하고 싶은 일을 잘하고, 열정적으로 삶을 영위하는**

것이다. 다시 말해, 효율성의 진정한 목적은 많은 것을 이루기 위한 것이 아니라, 나를 찾고 나를 온전히 받아들이며 진정한 '내 삶'을 살기 위한 것에 있다.

내가 이렇게 변할 수 있었던 것은 중학교 1학년 때 체육 담당이었다가 담임이 된 우자오룽 선생님 덕분이다. 독서밖에 모르는 '책벌레'가 한때 여자 축구 국가대표팀 선수였던 선생님의 도전정신을 자극했던 것 같다. 나는 선생님과 친구들의 격려로 서서히 변화했고, 고등학교도 내가 가고 싶었던 곳에 진학할 수 있었다.

나는 사람들이 나처럼 다른 시각으로 효율성을 바라봤으면 하는 마음에서 이 주제를 공유하고자 한다. 물론 아내가 나를 보면서 "당신은 많은 일을 참 쉽게 처리하는 것 같다"며 부러워만 하지 않기를 바라는 개인적인 바람도 들어 있다. 부디 아내도 이 책을 읽고 자신만의 효율 방정식을 찾기를 바란다.

그러기 위해서는 '효율적인 사람이 되려고 하는 이유를 분명하게 정하는 것'이 가장 중요하다고 생각한다. 많은 사람이 효율성에 관한 책을 읽어도 결국 실천하지 못하고 여전히 일을 미루다가 데드라인에 쫓기는 이유는 이를 분명히 하지 않았기 때문이다. 효율적으로 바뀌어도 무엇을 또 어떻게 할 것인지 목적이 명확하지 않으면 아무 소용이 없다. 효율적으로 일 하나를 끝냈어도 곧장 다음 일이 나를 기다리고 있다면 무슨 의미가 있을까?.

그렇다고 효율성에 집착할 필요는 없다. 매 순간 일을 제대로 하려는 태도가 곧 효율성으로 드러나기 때문이다. 효율적이어야 할 때 막바지 총력을 다하고 다음과 같이 스스로를 상기시키면 된다. 효율적인 사람이 되려는 목적은 '하루하루를 충실히 살아내기 위해서'라고 말이다.

이 책에서 나는 내가 일상에서 자주 사용하는 효율적인 업무 법칙을 공유하고, 심리학 관점에서 이런 법칙들이 왜 유용한지 알려주려 한다. 그리고 레슨Lesson마다 스스로 효율적인 법칙들을 실천할 수 없었던 이유를 함께 '생각해보는' 코너를 마련했다. 상황별로 문제 해결에 도움이 되는 조언들을 준비했으니 참고하기 바란다.

본격적으로 '효율적인 인생을 위한 여정'에 들어가기에 앞서 간단한 테스트를 준비했다. 이를 통해 내가 가장 시급하게 바꿔야 할 것이 무엇인지부터 찾아보자. 책에서 배운 방법을 응용할 수 있게 7가지 원칙 말미에는 연습문제를 담은 '심리학 처방전'도 있으니 생활 속 작은 습관들을 바꾸는 것부터 일상에서 효율적인 인생을 실천할 수 있을 것이다.

이 책이 '나만의 효율 방정식'을 찾아 더 나은 삶을 사는 데 도움이 되길 바란다.

차 례

Section 1
나를 찾는 시간

포기

열정

Section 2
내 삶을 계획한다는 건

집중

계획

고집

Section 3

나를 온전히 받아들이기

겸손

해탈

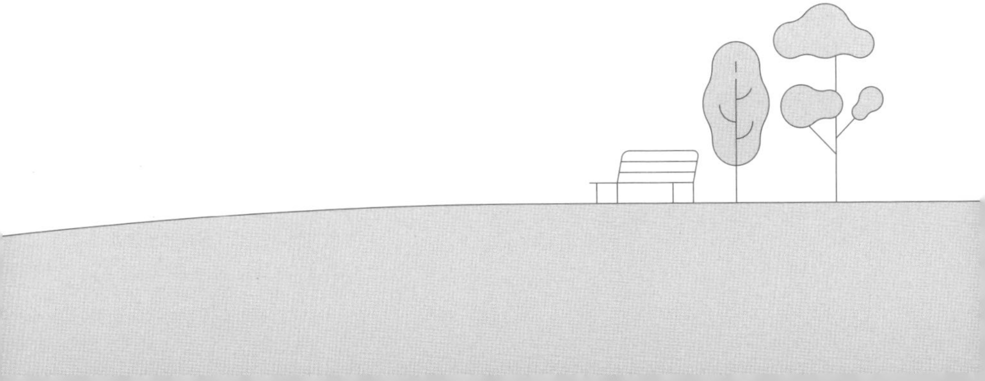

내 상태 점검하기

본 테스트의 주된 목적은 효율적인 인생을 위한 여정에서 어떤 부분을 강화해야 하는지 발견하는 것이며, 신뢰도와 타당성 검증을 거친 테스트는 아니다.

각 문항을 읽고 답이 '예'라면 빈칸에 'O'를 표시하고 1점으로 계산한다. '아니오'라면 'X'를 표시하고 0점으로 계산한다. 빈칸을 다 채우면 1~4번, 5~8번, 9~12번 세 부분으로 나눠서 채점한다. 총점이 가장 높은 섹션Section부터 순서대로 읽기를 권한다. 세 총점의 차가 크지 않으면 섹션 1부터 순서대로 읽으면 된다.

구분		문항	O / X
Section 1	1	우유부단하게 굴다가 결국 아무것도 이루지 못하는 경우가 자주 있다.	
	2	내가 진짜 원하는 게 무엇인지 모른다.	
	3	어떤 일에 금방 열정이 불타올랐다가 오래 지속하지 못하는 경우가 많다.	
	4	일적으로 결벽증이 있어서 싫어하는 일은 죽어도 안 하려고 한다.	
Section 2	5	일 처리가 계획적이지 않아서 자주 허탕을 친다.	
	6	일 처리를 미루고 미루다 결국 데드라인에 임박해서 일을 마친다.	
	7	내 입장을 고수하기보다 다른 사람의 영향을 받아 쉽게 계획을 변경한다.	
	8	한 번에 너무 많은 일이 몰려 어느 것 하나도 제대로 할 수 없을 때가 많다.	
Section 3	9	좌절을 경험하면 쉽게 제자리에 머무르며 앞으로 나아가지 못한다.	
	10	남에게 잘 부탁하지 않는다.	
	11	못하는데 할 줄 아는 척할 때가 많다.	
	12	자주 다른 사람을 짐작하고 평가한다.	

Section 1

나를 찾는 시간

포 기

열 정

포기

나쁜 것은 물론이고
나에게 어울리지 않는 것도 버려야 한다.
제아무리 좋은 것이라도 나에게 맞지 않는다면
붙들고 있어서는 안 된다.

Lesson 1

한 번에 두 가지 일을 할 필요는 없다

혹시 일과 가정생활을 모두 만족스럽게 해내는 사람을 보면 부럽거나 '나는 제대로 하는 게 하나도 없는데'라는 생각을 한 적 있는가? 사람은 저마다 가진 능력과 자원이 다르므로 할 수 있는 일이 천차만별이다. 그러니 다른 사람의 성과를 보고 열등감을 느끼거나 기죽지 않길 바란다. 자신의 성과를 다른 사람과 비교하는 데 급급하면 조바심만 커질 뿐이다. 한 번은 선배와 이와 관련해 이야기를 나눈 적이 있다.

"선배는 참 대단해요. 강의도 잘하고 연구 발표도 훌륭하죠. 게다가 여가생활까지 근사하게 누리잖아요. 진짜 멋있어요."

"부러워할 거 없어. 난 조교들도 있고 연구를 도와주는 연구생도 많잖아. 그러니 성과가 대단해 보일 수밖에 없지. 나 혼자 일했다면 두루 잘 해낼 재간이 없었을 거야. 남들 눈에는 내가 충실하게 사는 것처럼 보이겠지만, 솔직히 말해서 하고 싶지만 할 수 없는 일이 아직도 많아."

나는 선배의 말을 듣고서 불현듯 깨달았다. 하고 싶은 일을 다 할 수 있는 사람은 아무도 없다. 우리가 누군가를 대단하게 여기는 이유는 그들이 이룬 성과가 그들이 원하던 일의 전부라고 착각하기 때문이다. 나만 해도 그렇다. 나는 강의를 하고 책을 쓰면서 팟캐스터로 활동한다. 이뿐만 아니라 살림하고 육아하며 취미로 수공예까지 즐긴다. 이런 나를 보며 주변 친구나 학생들은 어떻게 그 많은 일을 다 해내느냐며 감탄하지만, 누군가 내게 하고 싶지만 하지 못하고 있는 일이 있는지 묻는다면, 내 대답은 무조건 '예스Yes'다. 그렇다고 해서 아쉽다는 건 아니다. 내가 가진 시간과 자원은 유한하므로 하고 싶은 일을 다 하면서 사는 것은 불가능하다는 걸 잘 안다. 그래서 나는 내가 많은 일을 끝낼 수 있다고 기대하기보다 나에게 중요한 일이 무엇이고, 그 일들을 잘 완수하는 방법이 무엇인지 분명하게 아는 것이 더 중요하다고 생각한다.

버려야 얻는다

"버려야 얻는다"는 말은 잭 캔필드Jack Canfield와 마크 빅터 한센Mark Victor Hansen의 《영혼을 위한 닭고기 수프》 같은 힐링 에세이의 산물인 것처럼 생각하기 쉽지만, 심리학 연구에는 이를 뒷받침하는 증거들이 꽤 많이 있다. 내 박사학위 연구논문도 그중 하나다. 연구 과정에서 피실험자들에게 빠른 속도로 나타나는 문자열 중에서 단어 2개를 외우라고 요구했을 때보다, 1개만 외우라고 했을 때 더 좋은 결과가 나왔다.

즉, 한 번에 두 가지 일을 하려고 하면 한 가지 일만 할 때보다 결과가 나쁘다는 것이다. 그런데 다들 이를 알면서도 여전히 한 번에 두 가지 일을 하려고 애쓴다. 예를 들어 한 손에 물건을 든 채 다른 한 손으로는 열쇠를 쥐고 문을 열려고 한다. 왜 그러는 걸까? 대부분의 사람들은 이 방법이 물건을 내려놓고 양손을 써서 열쇠로 문을 여는 것보다 더 효율적이라는 '잘못된 판단'을 하기 때문이다.

어쩌면 신체적으로 한 번에 두 가지 일을 하는 것은 원래 어려운 일이니까 그런 거라고 생각할 수도 있다. 그렇다면 물리적으로 두 가지 일을 동시에 하는 상황이 아니라면 어떨까? 음악을 들으며 일하는 사람 중 상당수는 일할 때 음악을 안 들으면 불안해서 작업 능률이 떨어진다고 말한다. 하지만 실제 연구 결과에서 대다수는 일하면서 음악을 들었을 때 작업 능률이 더 떨어지는 것으로 나타났다. 이는 심리적으로도 한 번에 두 가지 일을 동시에 하는 것은 비효율적이라는 의미다. 마음을 둘로 나눠 쓸 수 있다고 생각하는 것은 신화에 가깝다. **인간의 사고 프로세스에는 병목bottleneck 구간이 있어서 한 번에 한 가지 일만 처리할 수 있다. 아주 익숙한 일 몇 가지 정도만 병목의 영향에서 자유로울 뿐이다.**

우리가 생각하는 "한 번에 두 가지 일을 한다"는 것의 진실은 두 가지 또는 다수의 업무를 동시에 수행하는 게 아니라 번갈아 가며 하는 것이다. 전환 속도가 너무 빨라서 업무를 바꾸고 있다는 걸 스스로 의식하지 못할 뿐이다. 업무가 바뀌면 바뀐 업무를 파악하기 위해 시간과 에너지를 써야 해서 손실이 발생하는데, 업무가 자주 바뀌면 손실도 커져 사고 프로세스의 효율이 떨어진다. 따라서 여러 일을 한 번에 처리하려고 하기보다 '버리는' 연습을 해야 '얻는' 기회도 생긴다.

무엇을 어떻게 버려야 할까

버리는 것과 관련해 흥미로운 연구를 하나 소개하겠다. 피실험자들은 자신이 기억해야 하는 정보를 USB에 저장할 수 있을 경우 그 외의 다른 정보를 더 잘 기억했다. 즉, 기억해야 하는 정보를 버리는 행동(USB에 따로 저장하기)이 사람의 능력을 향상시켜 더 많은 정보를 기억하게 한 것이다. 정보처럼 눈에 보이지 않아 심적 부담이 적은 무형의 것도 사람의 행동에 영향을 미치는데, 눈에 보이는 유형의 것들이 주는 부담은 더 말할 것도 없다. 버리는 연습은 그 대상이 유형이든 무형이든 도움이 된다.

많은 사람이 업무 진도를 체크할 때 사용하는 간트 차트Ganttchart를 떠올려보자. 간트 차트를 보면 여러 업무가 동시에 진행되는 경우가 많은데, 이를 보고 있으면 기한 내에 업무 하나를 끝내더라도 모든 업무를 완수하기까지 갈 길이 멀다는 생각이 든다. 차트에는 해야 할 업무들이 여전히 남아 있기 때문이다. 그런데 간트 차트 대신 포스트잇에 업무와 시간대를 기록한다고 해보자. 이 방법은 업무 진도를 파악할 수 있다는 점에서 간트 차트와 같지만, 한 가지 분명한 차이가 있다. 업무 하나를 완수할 때마다 해당 포스트잇을 '뜯어냄'으로써 심적 부담을 줄일 수 있다.

이 방법은 '체화된 인지embodied cognition'를 보여준다. 체화된 인지란 어떤 동작이 어떤 개념과 긴밀하게 연결되면 해당 동작을 할 때 자기도 모르게 그 개념이 연상되는 것을 말한다. 포스트잇을 뜯어내는 동작이 버리는 동작과 연결돼 포스트잇을 뜯으면서 업무를 끝냈다는 생각을 하게 되는 것이다.

여기까지 읽었다면, 이제 버리기를 통해 무언가를 얻겠다고 결심했기를 바란다. 자, 그럼 무엇부터 버려야 할까?

첫째, 내 이익과 직접적인 관계가 없는 것부터 버리자. 여기에는 인정에 이끌려 남을 돕는 일도 포함된다. 우리는 내 일을 끝낸 후에 도와줄 수 있다는 것을 분명히 밝혀야 한다. 마음이 여리고 정이 넘쳐서 다른 사람이 간절하게 부탁하면 자기 일이 아직 남았는데도 어떻게든 도와주려는 사람들이 있다. 이런 사람에게 나는 회사생활을 예로 들어 두 가지를 알려주고 싶다. 먼저 상사가 시킨 일은 내 이익과 직접적인 관련이 있으니 함부로 버리면 안 된다. 담당 업무가 아니더라도 그 일을 안 했을 때 상사가 이를 빌미로 나를 괴롭힐 수 있다. 두 번째, 버린다는 것은 냉정한 사람이 되라는 게 아니다. 우리는 성인군자가 아니니 자신의 이익을 먼저 고려하라는 것이다. 우선 내가 맡은 일부터 처리한 다음에 남을 도와야 한다.

둘째, 내 이익과 관계는 있지만 열정을 불러일으키지 못하면 버리자. 대부분의 일은 이익과 관계 있다. 하지만 그렇다고 해서 이익과 관련 있는 일을 전부 남겨둘 필요는 없다. 예를 들면 내 실적에 영향을 주는 여러 일 중에서 내가 싫어하는 일보다는 좋아하는 것에 시간을 쓰는 편이 낫다. 이는 나 역시 실천하고 있는 것이기도 하다. 나는 기초 연구와 학술 발표에 시간을 들일수록 학술적으로 명성을 쌓는 데 도움이 된다는 것을 잘 알고 있다. 하지만 이 일에 대한 내 열정은 지식 보급에 쏟는 열정보다는 못하다. 게다가 지식을 전하는 일은 내 명성에도 도움이 돼 나는 기초 연구보다 대중에게 과학 지식을 알리는 데 더 많은 시간을 쓰고 있다.

셋째, 잠시 한편에 미뤄둬도 상관없는 것은 버리자. 서둘러 처리할 필요가 없는 일들은 일단 버리면 된다. 급하지 않은 일은 잠시 모른 척하면서 급히 해야 하는 일에 더 집중하는 게 좋다. 나는 일을 할 때 급한 일인지 아닌지에 따라 우선순위를 정하는데, 대부분 2개 정도에만 '급한 일'이라고 표시한다. 이 방법은 일을 미루지 않는 데에도 도움이 된다.

Q1 왜 못 버릴까?

첫째, 무엇이 중요한 일인지 모른다. 학업이나 업무에서 스트레스를 받으면서도 정작 자신에게 가장 큰 영향을 미치는 일이 무엇인지 모르는 사람들이 있다. 이럴 경우 공연히 바쁘기만 하고 결과적으로는 아무것도 잘 해내지 못하는 곤경에 빠지게 된다.

둘째, 무엇을 버릴 만큼 모질지 못하다. 어떤 사람들은 걱정이 너무 많아서 무언가를 버리면 손해를 볼까 염려해 독하게 마음먹고 버리지 못한다. 이는 깔끔하게 헤어지지 못해 어정쩡한 관계가 된 커플과 같다. 이런 관계는 서로에게 아무 득이 되지 않는다. 처방전 → p.47

소소한 심리학 상식

체화된 인지

인지라고 하면 보통 고차원적인 정신 활동이라고 생각해 비교적 저차원에 속하는 육체적 움직임과는 무관하다고 느낀다. 그런데 수많은 연구 결과에 따르면 인간의 활동은 몸과 마음이 하나로 합쳐진 것이며, 몸과 마음은 끊임없이 서로 영향을 주고받는다. 인간의 정신 활동은 신체에 영향을 주고 신체 동작은 정신에 영향을 준다. 기분에 관한 연구에 따르면 물건을 위에 두는 동작을 계속하면 위로 향하는 신체 동작으로 인해 기분이 긍정적으로 변하는데, 물건을 아래에 두는 동작을 하면 기분도 다운돼 부정적으로 변한다. 즐겁지 않지만 가짜로 계속 웃는다면 어떻게 될까? 시간이 지나면서 생리적인 피드백으로 대뇌는 우리가 웃는다고 판단해 웃음과 관련한 후속 반응을 일으킨다. 따라서 마음이 작동하는 방식을 개선하고 싶다면 신체 동작을 개선하는 것부터 시작하면 좋다. 마음의 작동 방식을 변화시키는 게 조금 더 수월해질 것이다.

Lesson 2

나쁜 습관과 도구 버리기

당신은 새로운 것을 기꺼이 받아들이는 사람인가? 아니면 어떤 것에 익숙해진 후에는 변화를 달가워하지 않는 유형인가? 나의 경우는 두 가지 성향이 공존한다. 새로운 것을 기꺼이 받아들일 때도 있지만 변화를 썩 반기지 않을 때도 있다. 그런데 몇 번의 쓰라린 경험을 겪으면서 지나치게 고집부리지 않고 변화를 받아들이는 데 최소한의 시도라도 해보자는 교훈을 얻었다. 그렇지 않으면 효율을 높일 기회를 놓치기 때문이다.

꽤 오래된 일이지만 스마트폰이 지금처럼 발달하기 전에 나는 종이 다이어리를 사용했다. 심지어 박사과정 지도 교수의 영향을 받아 미니 다이어리를 휴대하고 다니기도 했다. 당시 나를 본 한 연구생은 이렇게 말했다.

"스마트폰을 사용하면서 왜 종이 다이어리로 일정을 관리하세요?"

"다이어리는 아무 때나 펼쳐보기 좋고 친숙하잖아."

나는 그 연구생에게 다이어리의 장점에 대해 구구절절 이야기했는데, 그 후 한두 번 깜빡 잊고 다이어리를 안 챙기는 바람에 사고를 쳤다. 연구생과 약속한 걸 깜빡한 것이다. 나를 1시간이나 기다린 그는 원망 섞인 말투로 "스마트폰 일정 관리 앱을 사용하셨으면 이런 상황은 안 일어났을 거예요" 라고 말했다. 그의 의견에 100퍼센트 동의하지는 않지만, 이 일을 겪은 후 나는 스마트폰 일정 관리 앱을 써보기로 했다. 이후 어떻게 됐을까? 나는 스마트폰 앱에 극도로 의존하게 되었을 뿐 아니라 알람까지 설정해서 놓치는 일정이 없도록 관리했다. 그런데 알람을 너무 많이 설정한 탓인지 점차 무뎌지면서 무시하는 경우가 종종 생겼다.

한번은 진짜 큰일이 일어났다. 분명히 앱에서 아침 일찍 당일 일정을 알려주고 1시간 전에는 알람도 떴는데, 논문 구술시험 시작 10분 전이 돼서야 불현듯 해당 일정이 떠올랐다. 황급히 시험 볼 연구생에게 연락하고 1시간 정도 걸리는 시험 장소로 차를 몰았다.

이런 일을 겪고 나서 나는 습관을 아예 바꿨다. 수동적으로 알람을 기다리지 않고 매주 일정표를 미리 처음부터 끝까지 쭉 한 번 살펴보고, 매일 아침 그날 어떤 특별한 일정이 있는지 가볍게 훑어본다. 또 사무실에 커다란 달력을 걸어두고 중요한 일정이 있는 날을 표시한다. 지난달과 다음 달이 함께 포함된 탁상용 달력도 책상 위에 두고 당월 일정 외에도 전반적인 일정을 미리미리 체크한다.

나쁜 도구는 바꾸고

당신도 일상생활에서 나와 비슷한 고민을 자주 하지 않는가? 회사에서 업무상 사용하는 도구는 내가 임의로 고치거나 바꿀 수 없지만 내가 결정할 수 있는 부분에 대해서는 마음을 모질게 먹어야 한다. 만약 컴퓨터 부팅 속도가 너무 느리고 밥 먹듯이 다운된다면 컴퓨터를 바꿔야 한다. 아직 고장 나지 않았다든지 버리기 아깝다든지 하는 이유로 제 기능을 못하는 컴퓨터를 써서는 안 된다.

우리가 물건을 버리지 못하는 이유는 절약 정신의 영향도 있지만, 이를 대신해 사용할 수 있는 더 좋은 물건이 있다는 것을 모르기 때문이다. 내 경우를 예로 들면, 나는 동작이 큰 사람이라 무심코 다치는 일이 잦다. 예전에 깡통 따개로 깡통을 따면 뚜껑을 빼거나 내용물을 꺼낼 때 열에 아홉은 손을 다쳤다. 그러던 어느 날 새로운 형태의 깡통 따개를 발견했다. 안쪽에서 깡통을 여는 게 아니라 바깥쪽을 빙 둘러 잘라내는 것이었다. 새로운 따개로 바꾼 후로 더 이상 깡통을 따다가 다치는 일은 없었다.

물론 참신해 보이거나 '페인 포인트pain point(불만을 느끼는 요소나 불편한 점 – 옮긴이 주)'를 해결한다고 해서 모든 제품이 가치 있는 것은 아니다. 나는 유아용품을 사면서 여러 번 같은 실수를 저질렀다. 더러워진 공갈 젖꼭지를 용기에 넣고 몇 번 돌리기만 하면 소독이 되는 제품이었는데, 간혹 뜨거운 물이나 소독기가 없어서 소독을 못 할 때가 있기 때문에 요긴해 보였다. 그러나 그렇게 충동적으로 구매한 제품은 공갈 젖꼭지를 용기에 한 번 넣고 뺐을 때는 괜찮지만 반복해서 사용하면 세균이 번식될까 우려돼 몇 번 쓰지도 못하고 창고 신세로 전락했다.

새로운 도구를 맹신해서는 안 되지만, 적어도 열린 마음을 가지는 것은 좋다. 새로운 도구를 발견하면 한 번쯤 써보고 장단점을 따져 바꿀지 말지를 결정하면 된다. 손으로 필기하는 것과 노트북으로 필기하는 것 중에 어느 쪽이 더 효과가 좋은지 비교한 연구에 대해 많이 들어봤을 것이다. 해당 연구 결과, 손으로 필기한 사람이 핵심 지식을 더 잘 기억하는 것으로 나타났다(그렇다고 노트북 입력이 장점이 전혀 없는 것은 아니다). 그러나 훗날 다른 연구자들이 이 연구 결과를 재확인하려고 했지만, 손으로 필기하는 것에 더 많은 장점이 있다는 사실을 발견하지 못했다.

이렇듯 어떤 필기 방식이 더 좋은지에 집착하기보다 나에게 맞는 방법이 무엇인지, 각각 어떤 장단점이 있고 어떻게 하면 장점은 살리면서 단점을 보완할 수 있는지를 고민하는 편이 더 낫다. 암산을 잘하는 사람에게 구태여 계산기를 사용하라고 강요하는 게 꼭 효율적인 방법은 아닌 것처럼 말이다.

나쁜 습관은 고쳐라

쓰기 불편하지만 오랫동안 사용해 익숙한 물건을 바꾸는 일은 쉽지 않다. 그런데 그보다 더 어려운 것은 나쁜 습관을 고치는 일이다. 우리는 스스로가 비효율적인 방법으로 일한다는 사실을 잘 인정하지 않는다. 특히 다른 사람으로부터 습관을 바꾸라는 말을 들었을 때는 자존심이 상해 오히려 더 반항심이 생긴다. 그런데 그 습관이 왜 생겼는지 생각해보면, 대부분 우연에서 비롯된 경우가 많다. 문제는 습관을 바꾸려고 해도 우리의 나태한 대뇌는 그 '우연'한 경험을 떠올리며 "이 일은 이렇게 해야 해"라고 설득한다는 것이다. 같은 상황이 반복되다 보면 점점 더 바꾸기 힘들어진다.

메시지를 받으면 즉시 답장하는 데 익숙한 사람들도 마찬가지다. 메세지에 자주 답하다보면 업무 흐름을 방해하고 작업 효율에 영향을 준다. 업무상 필요한 게 아니라면 보통 메시지는 적당한 때 회신만 하면 된다. 나에게 해가 되는 습관은 고칠 필요가 있다.

만약 나에게 좋지 않은 습관이 있다는 걸 알아차렸다면, 그 이면에는 그 습관을 바꾸고 싶게 만든 동기가 있다. 반대로 나쁜 습관이 있음을 눈치채지 못했다면, 내가 그 습관으로 피해를 보고 있다는 사실을 모르고 있는 것이다. 이런 상황이 일어나지 않도록 **일을 처리하는 방식에 관해 다른 사람과 자주 교류해보기를 권한다. 이 과정에서 내가 활용할 수 있는 더 좋은 방법이 있다는 사실을 알게 될 수도 있다.** 예를 들어, 서류를 정리할 때 나는 날짜별로 분류하는데, 동료는 사건 유형별로 분류한다고 했다. 그래서 두 방법을 비교해보니 유형별 분류가 과거 사례를 참고하는 데 더 편리한 방법이었다. 이처럼 다른 방식도 습득해두면 일에 따라 방법을 유연하게 바꿀 수 있어서 나에게 좋은 무기가 된다.

바꾸는 것은 생각보다 어렵지 않다

나에게 익숙한 도구와 습관을 버리기란 쉽지 않은 일이다. 하지만 그렇다고 해서 어려운 일도 아니다. 그렇지 않다면 코로나19로 방역 등급이 올라

갔던 시기를 어떻게 견딜 수 있었겠는가?

외출이 제한되면서 배달하지 않던 업체도 달라진 상황에 맞게 대안을 궁리해야 했고, 오프라인 수업도 잇달아 온라인 수업으로 바뀌었다. 예전에는 학위논문 구술시험이 반드시 현장에서 치러졌지만, 팬데믹으로 인해 온라인으로 구술시험을 치를 수 있게 됐다. 대면 교류는 줄었지만 오고 가는 시간과 수고를 덜 수 있었고, 직접 관련 논문이나 웹 사이트를 연결해 공유하며 학생들에게 조언하는 방식도 괜찮다고 여기는 교수들이 적지 않았다. 물론 나쁜 일로 인해 어쩔 수 없이 변해야 하는 상황은 웬만하면 피하고 싶지만, 일반적으로 인간은 손해를 보거나 막다른 길에 몰렸을 때 변하려는 강한 동기가 생긴다.

갑작스러운 변화가 걱정된다면, 우선 80퍼센트 정도는 내가 잘하는 방식으로 일을 어느 궤도까지 올려놓고 나머지 20퍼센트는 익숙하고 편안한 방법에서 벗어나 과감하게 모험을 선택해보자. 스포츠 경기에서 이미 승기를 잡았을 때 주전 선수를 빼고 후보 선수를 투입하는 이치도 이와 같다. 이런 방식으로 선수의 기량을 시험하다 보면, 진흙 속에서 진주를 발굴하게 될지도 모를 일이다.

20퍼센트밖에 걸지 않았기 때문에 실패해도 너무 아쉬워할 필요는 없다. 나는 이것이 상당히 가치 있는 투자라고 생각한다. 평소 일을 처리할 때도 이런 마음가짐으로 임해야 한다. 마음을 넓게 가지고 실패에 맞서 싸울 준비가 돼 있다면, 더 좋은 방법들이 있다는 것을 발견하게 될 것이다.

첫째, 내 가치가 부정당하는 것을 원치 않는다. 사람들은 자신이 사용하는 도구나 습관에 대해 평가받는 것을 싫어한다. 이는 단순히 일이나 습관에 대한 평가가 아니라 나라는 사람 자체를 평가한다고 여겨지기 때문이다.

둘째, 너무 게으르다. 간단하다. 지금 상태에 만족하며 편안하게 느끼는 환경을 벗어나려 하지 않는다. 처방전 → p.47

소소한 심리학 상식

페인 포인트 마케팅

많은 업체에서 제품을 판매할 때 소비자의 페인 포인트pain point를 부풀리는 경향이 있다. 예를 들어, 나이가 들면 무릎이 안 좋아서 움직임이 더디다든지, 부모가 갓난아이를 돌보느라 정신이 없어서 물건이 세균에 오염되기 쉽다든지 하는 식이다. 두려움을 느낄 때 소비자는 그 두려움을 해소할 해결책을 보면 쉽게 지갑을 연다. 한발 더 나아가 고민을 덜어주고 기분까지 좋게 해준다며 공언하는 제품들이 있다. 다이어트약은 우리를 날씬하게 만들어준다고 하면서 날씬해지면 생기는 장점들을 강조한다. 이런 페인 포인트 마케팅에 걸려들지 않으려면 스스로 위험하다고 느낄 때 다른 관점으로 여러 해결책을 생각해보면서 불안감을 낮춰야 한다. 어느 정도 마음이 가라앉았을 때 판매자가 제시한 방법을 다시 신중하게 검토하는 것이 좋다.

Lesson 3

정보는
신중하게 선택하기

과학기술의 발전은 생활의 편의성을 증대시켰다. 하지만 그로 인해 적잖은 대가를 치러야 했는데, 정보 과잉이 그중 하나다. 인터넷이 발달하기 전에는 자료를 찾으려면 도서관 같은 곳에서 직접 정보를 찾아야만 했다. 그렇다면 요즘에는 자료를 찾으러 도서관에 가는 사람이 얼마나 될까? 예전에는 충분한 자료를 찾지 못해 걱정했지만, 이제는 정보의 홍수 속에 살고 있다. 그러나 우리는 이것이 얼마나 위험한 일인지 알지 못한다. 이렇게 말하는 데는 다음의 몇 가지 이유가 있다.

첫째, 과잉 정보가 불안을 야기한다. 메신저에 잠깐만 신경을 쓰지 못해도 읽지 않은 메시지가 한가득 쌓인다. 곁에 스마트폰이 없으면 알 수 없는 불안이 생기고 뭔가 중요한 정보를 놓칠까 봐 두려워하는 사람도 있다. 메신저상의 메시지는 다른 매스 미디어 정보처럼 빠르게 늘고 있으며 점점 통제 불능의 상태에 다다르고 있다.

지식을 추구하는 일도 마찬가지다. 과거 지식 추구는 적극적이고 긍정적인 행위였으나 이제는 어쩔 수 없이 하는 소극적인 반응으로 바뀐 것이다. 다양한 유형의 지식이 새로 생겨나고 각종 홍보 수단까지 더해지면서 자신만 아무것도 모르는 것 같은 일종의 '지식 공황 상태'에 빠지기 때문이다. 많은 지식을 접하게 됐음에도 나의 부족한 점을 더 많이 보게 된다는 게 참 아이러니하다.

둘째, 계속 보면 맞는다고 착각한다. '적비성시積非成是'라는 단어를 들어봤을 것이다. 잘못된 정보라도 오래 살아남으면 옳은 것으로 여겨진다는 뜻이다. 시금치를 먹으면 철분을 보충할 수 있다고 여기는 사람이 많은 것처럼 말이다. 이런 뜬소문이 생기게 된 것은 대부분 잘못된 연구 데이터가 원인이다(시금치에 대한 오해는 《사이언스타임즈》에 올라온 기사를 보고 잘못 이해한 사실이 널리 퍼져서다. 시금치는 다른 채소와 비교해 철분 함량이 높은 편이 아니다).

심리학에서도 이를 잘 보여주는 연구 결과가 있다. 사람들이 잘못된 정보를 반복해서 접하면, 어느 정보가 맞고 틀린지 구별할 능력이 있어도 시간이 오래돼 기억의 흔적engram이 뚜렷해지면 잘못된 정보가 맞는 정보라고 판단하게 된다. 1998년 영국의 앤드루 웨이크필드Andrew Wakefield라는 의사가 의학 잡지 《란셋The Lancet》에 발표한 연구 보고서에서 홍역, 유행성이하선염(볼거리), 풍진 혼합 백신인 MMR 백신이 자폐증을 유발할 수 있다고 지적했다. 웨이크필드의 연구 보고서는 유명 저널에 발표되면서 널리 알려졌으며,

큰 파장을 가져왔다. 의학계에서는 이를 검증하기 위해 대규모 연구를 진행하였으나 웨이크필드와 똑같은 결과가 확인되지 않아 해당 연구의 적합성을 의심했고, 12년이 지난 후 웨이크필드가 연구 데이터 전체를 조작한 사실이 들통났다.

하지만 조작인 게 밝혀졌는데도 최근까지 유럽과 미국에서는 해당 백신의 위험성을 믿는 부모가 많다. 심지어 일부 유명 인사들조차 아이에게 백신 접종을 하지 말라고 선동했다. 이로 인해 미국에서는 종적을 감췄던 홍역이 2014년과 2019년에 대유행하기도 했다.

요즘은 정보의 전파 속도가 매우 빠르지만, 사람들이 정보를 적극적으로 검토하거나 확인하지 않는 경우가 많다. 홍역 백신이 자폐증을 일으킨다는 조작된 연구결과가 단시간에 급속도로 퍼진 것처럼 말이다.

셋째, 찬반 의견이 존재해 옳고 그름을 구별하기 어렵다. 우리는 정보 양극화 시대에 살고 있다. 중요한 건 '믿어 의심치 않는 논점'에도 상반된 주장이 있다는 것이다. 트럼프 미국 전 대통령은 지구 온난화가 실제 존재하는 현상이 아니라 소수의 음모론이라고 생각했다.

집요한 소수의 사람은 열심히 증거를 모아서 어느 관점이 옳은지 규명하려 하지만, 다수의 사람은 자신이 믿는 논점을 고수하거나 아예 어느 쪽도 믿지 않으려 한다. 해양환경보호단체는 해양 쓰레기가 해양 생물에게 가장 큰 위협이라고 주창한다. 그런데 넷플릭스 다큐멘터리 〈씨스피라시 Seaspiracy〉의 감독은 해양 생물에게 가장 큰 위협은 해양 쓰레기가 아니라 상업적 어업이라는 사실을 전한다. 나는 이 분야의 전문가가 아니라서 감독의 논점이 진실인지 거짓인지 구별할 수 없지만, 다큐멘터리에서 답을 찾아가는 과정은 많은 생각을 하게 만든다.

그런데 이렇게 많은 시간과 자원을 들여 문제의 진상을 탐구하는 사람이 얼마나 될까? 이런 노력이 없다면 어떤 것을 믿든지 간에 그것은 무턱대고 따르는 맹종盲從이 아닐까? 이런 상황이 생기는 것도 결국은 정보 과잉 때문이다.

꼭 많은 정보가 필요할까

많이 알수록 좋다고 하지만, 늘 그런 것만은 아니다. 뉴스 보는 걸 좋아하는 사람들이 많은데 누군가는 이렇게 생각할 수 있다. 세상 어느 구석에서 발생한 별별 뉴스를 아는 것이 내 인생에 영향을 줄까? 대부분 그렇지 않을 것이다. 그렇다면 우리는 왜 그런 정보를 얻으려고 할까?

우리가 알아야 할 것은 우리는 해야 할 일이 너무 많기 때문에 정보를 얻는 것 한 가지에만 집중하면 안 된다는 것이다. 아무리 양질의 정보라도 말이다. 미국의 인기 강연회 테드TED 동영상은 좋은 콘텐츠이지만, 동영상만 보고 다른 일을 하지 않는다면 좋은 결과를 얻을 수 없다.

그러므로 **정보를 취사선택하고 우선순위를 정하는 게 좋다.** 나는 연구 계획을 세울 때면 키워드 몇 개를 정해 놓고 그에 맞는 수많은 자료를 검색한다. 항목을 조목조목 검색하는 것은 불가능하지만, 대신 인용률이 높거나 비교적 최근 것, 후속 연구가 이뤄진 논문 위주로 살펴본다. 인용률이 높다는 것은 그 연구가 해당 분야에서 중요한 무언가를 발견했다는 뜻이고, 비교적 최근 것을 찾는 건 최신 연구 동향을 알기 위해서다. 후속 연구가 이뤄졌다는 것은 많은 논문을 모아 정리하는 데 드는 품을 줄여주고, 이 분야에서 공감대를 형성한 내용을 아는 데 도움이 된다.

일상생활에서도 비슷한 방법으로 정보를 선별하면 된다. 예를 들어, 양질의 콘텐츠를 제공하는 플랫폼 몇 개만 선정해서 적극적으로 정보를 찾는다. 절대 SNS에 올라오는 정보를 수동적으로 받아들여서는 안 된다. SNS에는 좋은 정보와 나쁜 정보가 섞여 있기도 하지만, 플랫폼에 특정한 선별 메커니즘이 있어서 의도적으로 편향된 정보를 제공할 수 있다. 일전에 미국 대통령 선거에서 러시아가 광고를 사들여 미국의 선거 상황을 쥐락펴락했다는 소문이 있었던 것처럼 말이다. 만약 정보의 우열을 판단하는 법을 모르겠다면, 시간을 이용해서 선별해보자. 스스로 정보를 훑어보는 시간을 제한해 과도한 정보에 노출되는 것을 막으면 도움이 된다.

요즘은 정보가 너무 많아서 조금 빼먹었다고 해서 걱정할 필요가 전혀 없다. 일반적으로 정말 중요한 정보는 반복해서 등장하게 마련이다. 반복해서 나오지 않으면 대개 있으나 마나 한 정보라 놓쳐도 상관없다. 정말 운이 나빠서 중요한 정보가 나올 때마다 놓치는 경우가 아닌 이상 정보 누락은 걱정하지 않아도 된다.

정보를 어떻게 처리해야 할까

많은 정보를 빠르게 훑어보는 것보다 한 가지 정보라도 깊게 다루는 것이 더 효율적이다. 정보를 심층적으로 다뤄야 뇌가 이를 적극적으로 처리할 수 있기 때문이다. 이렇게 처리된 정보는 기존의 지식 체계와 이어져 뇌에 남을 가능성도 커진다.

심층적으로 처리하지 않은 정보는 금세 휘발돼 흔적도 없이 사라질 가능성이 크다. 이는 마치 뉴스 기사와 같다. 뉴스를 보는 순간에는 놀라거나 감탄하지만, 일주일 정도 지났을 때 그 뉴스를 기억하는 사람은 생각보다 많지 않다. 따라서 뉴스를 보든 드라마를 보든 좀 더 진지해야 한다. 드라마 한 편을 보고 어떤 내용이 감동적이었는지 되돌아보거나 깨달은 바를 내 생활에 적용해보는 게 좋다. 마냥 재밌기만 한 드라마라도 뭔가 배울 점이 있게 마련이다. 나는 아이와 함께 애니메이션 〈카3Car3: 새로운 도전〉을 보면서 직장에서 경험을 전수하는 것과 고령자의 재취업에 대해 적잖은 깨달음을 얻었다.

만약 정보를 보고도 아무 생각이 들지 않는다면 그 정보는 중요하지 않다는 뜻이니 해당 정보에 많은 시간을 쏟을 필요는 없다. 너무 이해득실을 따진다고 여길 수 있지만 정보 부족으로 인한 초조함 때문에 당장 쓸모없는 정보를 얻으려 애쓰기보다 휴식을 취하며 마음을 편히 갖는 것이 더 도움이 된다.

정보가 부족할 때 생기는 초조함

인간이 지식 부족으로 초조함을 느끼는 이유는 '내 지식이 너무 부족하고 얕은 게 아닐까'라는 걱정 때문이다. 그런데 스스로 모르는 것이 많다고 인정하면 초조하지 않고 많은 정보를 받아들여야 한다는 강박에서도 벗어날 수 있다. 문제가 생겨 자문해야 할 일이 생기면 전문가에게 물어보면 된다.

구글 검색에 'I'm Feeling Lucky'라는 기능이 있다. 일반적인 구글 검색과는 다르게 가장 관련 있다고 시스템이 판단한 결과만 나타난다. 전문가를 찾아가 자문하는 것과 비슷한 개념이다. 정보는 날마다 새로 생겨나서 하루 종일 열심히 찾아도 전부 처리할 수 없다는 걸 인정하라.

정보 누락은 지극히 자연스러운 일이다. 진심으로 어떤 정보를 빠트리고 싶지 않다면 플랫폼에서 보내는 관련 정보 푸시 알림 기능을 활용해보자. 구글 알리미Alerts 서비스의 경우 관심 있는 키워드와 알림 수신 빈도를 설정할 수 있다. 예를 들어, 오토바이 정보에 관심 있다면 새로운 오토바이 정보가 있을 때 자동으로 알려주도록 설정하면 된다.

가장 중요한 것은 마음가짐이다. 무슨 일이 있어도 가장 정확하고 훌륭한 정보를 손에 쥐려고 스스로를 몰아붙이면 틀림없이 실망하고 조바심이 날 수밖에 없다. 내가 습득한 정보가 그럭저럭 괜찮은 정도에 불과하다는 것을 안다면 그렇게 스트레스받지 않으면서 타인과 같은 정보를 공유해도 너그러운 마음으로 받아들일 수 있다. 공유는 오히려 더 많이 수확하는 길일지도 모른다. **사람마다 정보를 대하는 방식은 제각각이다. 가장 좋은 정보를 수집하는 데 집착하기보다 다른 사람들과 자주 교류하는 것이 시간도 절약하고 더 많은 이익을 얻는 길이다.**

Q3 왜 중요하지 않은 정보까지 얻으려 할까?

첫째, 언젠가 쓸 데가 있다고 생각한다. 이는 창고에 도구를 잔뜩 쌓아 두기만 하는 것과 같다. 언젠가 그 도구들이 필요할 거라고 생각하지만 그 '언젠가'가 오지 않을 수도 있다. 설사 그런 날이 오더라도 이미 그 도구는 시대에 한참 뒤떨어진 무용지물이 돼버렸을 것이다.

둘째, 어떤 것을 남겨둬야 할지 모른다. 잘 모르는 지식 범주에 있는 정보는 이에 해당한다.

처방전 → p.47

소소한 심리학 상식

가짜 뉴스 확산 속도

오늘날 가짜 뉴스가 빠르게 퍼지는 원인을 SNS 탓으로 돌리는 사람들이 많다. 그런데 2018년 매사추세츠 공과대학교 연구원들이 얻은 결론은 조금 달랐다. 그들은 2006년부터 2016년까지 트위터 사용자 약 300만 명에게 논란이 되는 뉴스 12만 6천 개를 보냈다. 그 결과, 가짜 뉴스가 진짜 뉴스보다 트위터에서 리트윗되는 속도가 여섯 배 빠르고 리트윗 비율 또한 70%에 달하는 것으로 나타났다. SNS의 영향을 배제하더라도 가짜 뉴스의 전파 속도는 진짜 뉴스보다 빨랐다. 이런 결과를 두고 연구팀은 가짜 뉴스 중에는 이상한 것이 많은데, 사람들은 이상한 뉴스를 퍼 나르기를 좋아한다는 점을 또 다른 이유로 꼽았다. 이 밖에도 의도적으로 사용자의 정치적 성향에 맞춰 뉴스를 보내서 사용자가 자기도 모르게 가짜 뉴스를 퍼트리도록 만드는 것도 있다. 가짜 뉴스의 공범이 되고 싶지 않다면 이상한 뉴스를 보더라도 정확한 내용인지 확인부터 하고 공유하는 것을 잊지 말자.

Lesson 4

타이틀을 포기하면 편안해진다

카카오톡이나 라인 같은 메신저 앱을 쓰면서 다양한 용도의 여러 단체채팅방(이하 단톡방)에서 전부 같은 이름을 사용해야 한다는 것에 불편을 느껴본 적 있는가? 아이가 있는 학부모라면 특히 더 난감하다. 내 이름 뒤에 자녀 이름을 표기해야만 다른 학부모가 자신이 누구 엄마이고 누구 아빠인지를 알 수 있기 때문이다.

일과 관련한 단톡방이라면 전공명을 적거나 부서명을 추가할 것이고, 가족 단톡방에서는 자신의 항렬이나 애칭을 추가해 내가 누구인지 드러낼 것이다. 하지만 단톡방별로 이름을 설정할 수 있다면, 이름 옆에 굳이 나의 신상 정보를 자세히 표시할 필요가 없지 않을까? 다른 사람에게 나의 다른 신분과 역할이 알려져 어색하거나 곤란해하지 않아도 된다. 물론 정치인이 명함에 여러 직함을 줄줄이 나열하는 것처럼 프로필에 이런저런 정보를 추가하는 걸 좋아하는 사람들도 있긴 하다.

나는 관심사가 넓고 프로필도 여러 개다. 처음에는 남들이 나를 대단하게 생각하기를 기대하며 내가 가진 프로필을 쭉 나열했다. 그런데 이 방법이 별로 득이 안 되고 오히려 전문성이 떨어지는 사람처럼 보이게 한다는 걸 알게 됐다. 그래서 각 상황과 콘셉트에 맞게 내게 어울리는 타이틀을 만들었다. 예를 들어, 육아 전문가라는 콘셉트를 잡았다면 신문에 육아 칼럼을 싣고 관련 서적을 출간하는 데 힘쓰거나 '육아하는 아빠'라는 이미지를 강화하는 식이다.

타이틀이라는 양날의 칼

유명 바이올리니스트 조슈아 벨Joshua Bell은 작은 실험을 하나 했다. 지하철역 입구에서 고가의 바이올린을 연주하면서 거리공연가 행세를 한 것이다. 공연이 진행된 45분 동안 가던 길을 멈추고 연주를 들은 사람은 단 몇 명에 불과했고, 그가 벌어들인 돈은 고작 32달러가 전부였다. 이 실험은 타이틀이 우리의 생각과 느낌에 큰 영향을 미친다는 것을 여실히 보여준다. 사람들은 연주자가 단순 거리공연가라고 생각하면 굳이 가던 길을 멈춰 서서 공연을 보려 하지 않지만, 세계적으로 유명한 연주자라는 걸 알게 되면 그의 공연을 보기 위해 앞다투어 표를 구매한다.

최근 여러 나라에서 복면 가수들이 나오는 프로그램이 인기를 끄는 것도 비슷한 이치다. 복면을 쓴 가수들이 자기 스타일과 다른 스타일의 노래를 부르면, 심사위원들은 누구인지 모른 채 오로지 노래만 듣고 점수를 매긴다. 미국의 싱어송라이터 쥬얼JEWEL은 포크송으로 자기만의 음악 세계를 구축한, 팝계에서 나름 알아주는 가수였다. 그녀는 미국판 복면가왕 〈더 마스크드 싱어The Masked Singer〉에 출연하여 로큰롤과 팝송을 불렀는데, 처음에는 복면 속 주인공이 쥬얼일 거라고 생각하지 못한 사람들도 그녀가 복면을 벗고 얼굴을 드러내자, 그녀의 변신을 낯설어하지 않고 기꺼이 받아들였다. 방송 이후 쥬얼은 예전과 전혀 다른 스타일의 노래들을 선보였다.

타이틀이 우리에게 미치는 영향은 실로 엄청나다. 군대에 있을 때 내게 꽤 적대적이던 부대장이 있었다. 나중에 알고 보니 내가 국립타이완대학교를 졸업했다는 말을 듣고 콧대가 높을 것 같아서 가까이하기 싫었다고 한다. 현재 내가 가지고 있는 대학교의 심리학과 부교수라는 타이틀도 내가 밖에서 이런저런 오해를 받는 데 한몫한다. 심리학이라고 하면 첨단 기술이나 제품이 아닌 사람을 연구하는 분야라고 생각해서 그런지 내가 과학기술 응용에 관해 이야기하면 깜짝 놀란다.

능력으로 증명하라

타이틀이 우리에게 어느 정도 영향을 미친다는 것은 부정할 수 없다. 하지만 이런 타이틀에 과도하게 집착하는 것은 그리 좋은 일은 아니다. 다단계 회사들은 회원들에게 다양한 문턱을 설정한다. 그리고 그 문턱을 넘기만 하면 더 좋은 타이틀을 얻을 수 있다고 믿게 만든다. 문제는 이런 타이틀을 얻으려다가 패가망신한다는 것이다. 미국 드라마 〈플로리다에서 신이 되는 법On becoming a God in central Florida〉에서도 비슷한 상황이 벌어진다. 다단계 회사에 빠진 남편이 회원 등급을 더 높이기 위해 아내 몰래 잘 다니던 직장을 그만두고 판매 실적을 날조하는데, 결국 그는 과로사로 죽고 만다.

우리는 타이틀을 얻으려고 집착하기보다 능력을 향상하는 데 더 많은 자원을 써야 한다. 허울뿐인 타이틀은 기껏해야 어리숙한 몇몇 사람들만 적당히 속여넘길 수 있을 뿐이며, 전문가들의 눈에는 훤히 보인다. 업무 형태가 변화함에 따라 창업하거나 다양한 일을 겸직하는 사람이 늘었다. 만약 당신이 이미 유망 분야에 몸담고 있다면 듣기 좋은 타이틀을 더한다고 한들 딱히 도움이 되지는 않을 것이다. 예를 들어, 수납 정리 전문가 같은 타이틀은 최근에 와서야 주목받기 시작했다. 이런 타이틀은 이를 알지 못하는 사람들에게는 아무 의미가 없다. 하지만 그들에게 당신이 행동으로 자신의 가치를 증명한다면 그들은 그 타이틀을 인정할 것이다. 반대로 타이틀만 있고 그에 걸맞은 서비스를 제공하지 못하면 스스로 제 발등을 찍는 것에 불과하다.

나는 어떤 지위나 자격증이 있는 사람만 특정 일을 할 수 있고, 그렇지 않은 사람은 할 수 없다는 논리를 받아들이지 않는다. 증명서와 자격증에 얽매인 요즘 같은 시대에 이를 거부할 수 있는 줏대가 있으려면 감정적인 표출만으로는 부족하다. 스스로가 대단하다는 것, 심지어 더 잘할 수 있다는 것을 증명하는 담력과 식견이 있어야 한다. 부디 타이틀에 얽매이지 말고 능력을 더 보강하기를 진심으로 응원한다. 나만의 가치를 창조하는 것이 수많은 타이틀을 몸에 두르는 것보다 훨씬 더 중요하다.

나를 인정하고 나답게 살기

타이틀이 없어서가 아니라 너무 많아서 고민이라면, 현재 자신의 상황과 가장 관련 있으며 스스로도 인정하는 타이틀이 무엇인지 생각해보자. 현 상황과 동떨어진 타이틀은 과감하게 버릴 필요가 있다.

앞에서 언급했듯이 꼬리표처럼 달린 타이틀은 알게 모르게 다른 사람이 나를 보는 시선에 영향을 준다. 따라서 나의 자아정체성과 맞지 않는 타이틀이라면 바꿔야 한다. 퇴직 후 인생 2막을 열고 싶다면 과거의 타이틀에 더 이상 매달려서는 안 된다. 정년까지 기다렸다가 내 지난날과 한 번에 작별하라는 이야기가 아니다. 정기적으로 자신의 상태를 점검하고 더 이상 나와 맞지 않는 타이틀을 정리하며 업데이트하기를 권한다.

나름대로 실속 있는 신분이라도 이제는 '있어도 그만 없어도 그만'이라는 생각이 들면 포기해야 한다. 오래전에 어느 학회의 감사를 맡은 적이 있다. 그런데 학회의 입장과 내 가치관이 서로 충돌하자 그 자리에서 바로 감사직을 사퇴했다. 내가 너무 성급하게 행동했다고 생각한 선배들도 이유를 알고 나서는 대부분 내 결정을 이해하고 응원해줬다.

관직, 직위, 명예에 연연하지 말고 내려놓아야 하는 것은 내려놓아야 한다. 나를 설명하는 타이틀이 사라지면 불편할 수도 있지만, 이로 인해 생활이 더 자유로워지고 더 많은 가능성이 생길 수 있다면 충분히 가치 있는 일이다.

내 것이 아닌 타이틀은 버려야 한다고 했는데, 사실 그보다 더 해주고 싶은 말이 있다. **'나'라는 타이틀 하나만 남기고 나머지는 전부 버려야 한다.**

분명 쉬운 일은 아니다. 하지만 이 일을 성공적으로 해내고 다른 사람의 입에서 '나다운' 스타일이라는 말을 듣게 된다면 그 가치를 깨닫게 될 것이다.

나는 친구들이 '황양밍답다'라는 말을 할 때마다 "시끄러워, 그만해"라고 하지만, 속으로는 꽤 흡족해한다. **'나'라는 사람을 다른 타이틀의 구성품 중 하나로 만들기보다 스스로 새로운 타이틀이 되는 것이야말로 우리가 진짜 해야 할 일이다.**

Q4 왜 타이틀을 포기하지 못할까?

첫째, 자신감이 부족하다. 우리는 그동안 세상이 인정하는 기준을 좇으라는 교육을 받아왔지만, 내 능력이 세상의 기준에 부합하지 않으면 인정도 못 받고 악순환에 빠질 뿐이다.

둘째, 빨리 성공하고 싶다. 나는 지위와 신분이 이름을 알리는 지름길이라는 사실을 인정한다. 하지만 타이틀은 시작에 불과하며 사회의 인정을 받으려면 결코 그것에만 기대서는 안된다. 처방전 → p.47

소소한 심리학 상식

신분 고정관념

고정관념은 뇌가 게으름을 피우는 증거다. 뇌가 정보를 처리할 때 과거에 받아들인 정보와 비슷하다고 판단하면 처리를 중지하고 과거에 비슷한 정보를 처리했을 때의 기억을 자극한다. 예를 들어, 간호사가 와서 혈압을 잴 거라고 의사가 알려줄 때 대부분의 사람들은 여자 간호사가 온다고 예상한다. 그리고 눈앞에 남자가 나타나면 의사라고 착각한다. 남자 간호사가 올 거라는 생각은 잘 하지 않기 때문이다. 이처럼 신분 고정관념은 특정 신분의 사람에 대해 특별하게 인정하는 특징이 있는 것을 가리킨다. 선생님은 맺고 끊는 게 확실하고 요구사항이 엄격한 사람, 예술가는 창의력이 넘치고 사소한 일에 구애받지 않는 사람이라고 생각하는 것처럼 말이다. 신분에 대한 고정관념은 바로잡기가 더 어렵다. 직원을 고용할 때도 사람들은 신분 고정관념에 부합하는 후보자를 선택하는 경향이 있어 끊기 힘든 악순환의 고리가 생기는 것이다.

심리학 처방전

Q1. 왜 못 버릴까?

처방전1 한참을 바쁘게 움직였지만 제대로 한 게 아무것도 없는 상황이라면, 중요도에 따라 일의 우선순위를 매기는 데 시간을 써야 한다.

처방전2 정말 버리기 아깝다면 시간을 정해놓고 나중에 다시 찾자. 그러면 '잠시 버려둔' 물건을 시도 때도 없이 생각할 필요가 없다.

Q2. 왜 나쁜 것을 끊어내지 못할까?

처방전1 다른 방법을 경험한다는 것은 꼭 기존의 방법을 대체한다는 뜻이 아니라 더 나은 방법을 찾아간다는 의미임을 스스로에게 주지시켜야 한다. 심리적인 거부감이 적을 때 좀 더 객관적으로 평가할 수 있다.

처방전2 다른 시도를 한다는 것이 반드시 더 좋은 결과를 얻어야 한다는 건 아니다. 자신을 위한 대비책을 마련하라는 것이다. 대비책을 손에 쥐고 있어야 돌발 상황이 생겨도 당황하거나 쩔쩔매는 것처럼 보이지 않는다.

Q3. 왜 중요하지 않은 정보까지 얻으려 할까?

처방전1 괜찮은 정보라고 생각하면 일단 저장해둔다. 모든 정보를 그 자리에서 당장 처리할 필요는 없다. 필요할 때 저장해둔 자료에서 찾으면 된다.

처방전2 방법을 안내해줄 전문가를 찾아야 한다. 든든한 버팀목이 생기면 중요한 정보와 무시해도 되는 정보를 알 수 있다. 다소 극단적인 방법도 있는데, 앞으로 한 달 안에 쓸 일이 없겠다 싶으면 지금 그 정보를 처리할 필요는 없다.

Q4. 왜 타이틀을 포기하지 못할까?

처방전1 스스로 기준을 설정하고 노력해서 목표를 달성하면 그것으로 충분하다.

처방전2 명예와 이익을 좇는 데 급급하지 말고 착실하게 일을 해나가야 한다. 그렇지 않으면 명성을 얻었더라도 하루아침에 모든 것을 잃을 수도 있다.

열정

내가 좋아하는 일을 할 수 있다는 것은 행복한 일이지만 좋아하는 일을 하지 못한다고 해서 비참하다는 뜻은 아니다. 우리는 종종 잘못된 태도로 열정을 대하고 열정이 없는 것을 나태의 핑계로 삼는다. 그러나 열정은 일하면서 저절로 생겨나는 심리 상태일 뿐이다.

Lesson 5

내가
좋아하는 일 하기

지인들은 내가 호불호가 분명한 사람이라는 것을 안다. 좋아하는 대상에는 엄청난 열정을 쏟지만, 싫어하는 것은 앞뒤 재지 않고 그냥 피하고 본다. 요즘은 너도나도 학술 발표에 열을 올리는 시대인데, 나는 주류에 편승하지 않는 편이다. 연구의 가치는 끊임없이 이어지는 학술 발표여서도 안 되고, 남이 나를 평가하는 지표가 돼서도 안 된다고 생각하기 때문이다. 그러다 가끔 어쩔 수 없이 싫은 일을 해야 할 때면, 내 업무 효율이 형편없다는 사실과 또다시 미루는 버릇이 슬금슬금 도져버린 나를 발견한다. 좋아하는 일을 할 때는 거의 먹고 자는 걸 잊을 만큼 몰입하지만, 반대의 경우에는 끝없이 나태해진다.

모두가 비슷하다. 정말 좋아하는 일이 없는 사람도 있겠지만, 대개 싫어하는 일은 누구나 있다. 그리고 싫어하는 일은 아무리 애를 써도 하기 싫다. 효율적으로 일하고 싶다면 자기가 좋아하는 일을 해야 한다. 빌 게이츠 전 마이크로소프트 회장도 말했듯이, 성공한 사람들이 손쉽게 성공한 것처럼 보이는 이유는 다 자기가 하는 일을 절대적으로 좋아해서다.

그렇다고 해서 좋아하는 일만 하며 제멋대로 살면 사회에서 경쟁력이 떨어지게 된다. 우리는 아직 사회화가 덜 된 청년이나 세파에 휘둘리지 않고 신념대로 행동하는 사람만이 꾸준히 자기가 좋아하는 일만 하며 사는 거라고 생각한다. 하지만 예외도 있다. 내가 좋아하는 일이 사회가 나에게 바라는 기대치와 정확하게 부합하는 경우다. 예를 들어, 글쓰기를 좋아하는데, 직업이 작가라면 더할 나위 없이 좋다.

인생이 길지도 않은데 굳이 싫어하는 일을 하라고 스스로에게 강요할 필요가 있을까? 업무상 치매 환자들을 접할 기회가 있었는데, 그때의 일로 관련 문제에 관심이 생겼다. 한번은 데이케어센터를 방문했다가 노래를 잘하는 어르신 한 분을 본 적 있다. 나는 호기심이 발동해 요양사에게 물었다.

"저분은 센터에 어떻게 들어오셨어요?"

요양사가 웃으며 답했다.

"선생님, 저분도 치매로 오셨는데, 노래하는 모습만 봐서는 치매 환자인지 모르겠죠."

나는 아버지가 뇌종양 수술을 받고 나서 직장에 복귀하겠다고 했을 때 도무지 이해할 수 없었다. 아버지를 집에서 요양하게 하지 왜 출근하게 두냐고 어머니에게 묻자, 이렇게 대답했다.

"아버지가 제일 좋아하시는 게 일이잖아. 난 네 아버지가 즐거웠으면 좋겠어."

즐거운 마음이 효율을 높인다

기분이 좋으면 업무 효율이 높아진다는 것은 진짜일까 거짓일까? 스페인 나바라대학교 경영대학원의 베아트리스 무뇨스-세카Beatriz Munoz-Seca 교수의 답은 긍정적이다. 그녀가 전 세계 여러 기업의 운영 상태를 분석한 결과, 근무 환경이 유쾌한 기업은 생산력도 높았다. 베아트리스 교수는 개인의 기분이 기업과는 무관하지만, 직원이 즐거우면 생산력이 올라가는 만큼 기업이 이 점을 반드시 고려해야 한다고 말했다.

영국 옥스퍼드대학교도 브리티시텔레콤 직원을 대상으로 6개월간 추적 조사를 실시했는데, 즐거운 직원이 그렇지 않은 직원보다 평균적으로 업무 효율이 13% 높은 것으로 나타났다. 이 같은 조사를 통해 즐거운 사람이 더 효율적으로 일한다는 것은 증명됐으나, 즐거운 기분과 효율 사이에 분명한 인과관계가 있는지는 불명확했다. 이는 후에 영국 워릭대학교 연구팀에서 증명했다. 그들은 피실험자의 기분을 조절하는 실험을 통해 즐거운 기분이 들도록 유도된 사람들이 확실히 효율적으로 변한 것을 확인했다. 부정적인 일을 떠올리도록 유도된 사람에 비해 효율이 12%나 높았다.

나는 이 결과에 몹시 공감한다. 그래서 나의 업무 환경은 나를 즐겁게 하는 요소로 가득하다. 대표적인 것은 '미피miffy'다. 네덜란드 화가 딕 브루

나Dick Bruna의 손끝에서 탄생한 이 캐릭터는 단조로운 선과 착한 성격 덕에 이미 오래전에 나의 '최애'가 됐다. 눈에 잘 띄는 곳들뿐만 아니라 원고를 쓸 때 사용하는 키보드에도 미피가 있다. 만약 미피 모니터가 있다면 나는 어떻게 해서든 손에 넣을 것이다.

아무리 하기 싫은 일이라도 미피와 연결하면 기분이 좋아져서 그 일을 해낼 힘이 생긴다. 마치 채소를 싫어하는 아이가 깜찍한 동물 모양으로 다듬어진 채소를 보면 먹고 싶은 마음이 드는 것과 비슷하다. 만약 **좋아하는 일을 할 수 없는 상황이라면, 내가 좋아하는 요소를 꼭 해야 하는 일과 결부시켜보자. 전보다 더 효율적으로 일할 수 있을 것이다.**

좋아하는 일을 하면 효율이 올라가는 이유

좋아하는 일을 했을 때 효율이 올라가는 것은 즐거워서이기도 하지만, 또한 가지 중요한 원인이 있다. 좋아하는 일이다 보니 관련 지식이 많아서 유추하기도 쉽고 일 처리에 비교적 막힘이 없어 효율적으로 보이는 것이다.

한마디로 선순환이다. 어떤 일에 관심이 있으면 더 많이 알고 싶고 많은 것을 알게 되면 그로 인해 얻은 장점(효율적인 일 처리 등) 덕분에 그 일에 더욱 흥미가 생긴다. 애초에 어떤 일을 접할 때는 선순환의 고리를 만드는 것이 중요하다. 우리 집 두 아이가 체스를 배울 때 지도교사는 아이들을 정규대회 외에 참가자 모두에게 상을 주는 대회에도 나가게 했다. 체스에 대한 자신감과 흥미를 키우게 하려는 목적이었다.

나는 둘째 아이를 통해 선순환의 고리를 만드는 것이 왜 중요한지 확인했다. 둘째 아이는 체스를 배운 지 두세 달쯤 지나서 처음 대회에 나갔다. 연령대별로 치러진 대회였는데 신기하게도 속한 조에서 1등을 했다. 그 후 아이는 매일 학교에서 친구들과 체스하고 내게도 대결을 청했다. 경험이 쌓이다 보니 아이의 실력은 갈수록 늘었고 체스에 대한 흥미도 높아졌다.

원래는 딱히 안 좋아했는데 관련한 사물을 많이 접하면서 그 일이 좋아지는 사람들이 있다. 함께 보내는 시간이 길어지면 사람과 사람 사이에 정이 쌓이는 것처럼 말이다. 사람은 나와 관련 있는 사물에 알 수 없는 호감을 느끼는데, 이런 현상을 심리학에서는 '소유효과endowment effect'라고 한다. 사물에 감정을 쌓고 사물에 대한 호감도를 끌어올리면 인생의 효율도 높일 수 있다.

좋아하는 일을 오랫동안 하는 방법

내가 좋아하는 일을 하면서 밥벌이까지 할 수 있다는 것은 많은 사람의 바람이다. 좋아하는 일이 밥벌이가 되기가 어디 그렇게 쉬운 일이냐고 생각할 수 있지만, 내가 살펴본 결과 이는 우리가 스스로를 먹여 살린다는 것을 어떻게 정의 내리느냐에 달려 있다. 그저 배부르고 등 따스운 정도를 바란다면 딱히 어려운 일은 아니다. 그런데 집도 있고 차도 있기를 기대한다면 쉬운 일이 아니게 된다.

우리는 둘 사이에서 균형점을 찾을 수 있다. 다소 허황된 꿈을 가졌지만, 그 꿈을 이루기 위해 착실하게 무언가를 하려는 사람들이 적지 않다. 영업시간이 길지 않아 수익이 많지 않지만, 수입과 지출이 적당히 맞아떨어지고 생활비 정도만 벌면 만족하는 소규모 자영업자들이 많은 것처럼 말이다. 나는 영업시간을 줄여 시간을 확보하고 그 시간을 자신의 꿈을 좇는 데 쓰는 것도 꽤 괜찮은 방법이라고 생각한다.

새롭게 재봉 인생을 시작한 바느질 가게 부부징시布布惊喜의 사장님은 자기 생각이 뚜렷한 사람이다. 사랑하는 일과 삶을 연계시킨 그녀의 페이스북 팬 페이지 소개만 봐도 알 수 있다.

> "나는 내 고향을 사랑한다. 이곳에서 창업하기로 한 것도 그 때문이다. 착한 가격으로 고향 땅에 DIY를 통한 힐링 붐을 일으켜 천으로 우리 삶을 아름답게 하고 1970년대 초 방직 산업 중심 도시로 기능하던 추억을 환기할 수 있기를 바란다……."

그녀는 다양한 공익 활동도 하는데, 여러 사람을 초청해 수술모를 만들어 수고하는 의료 종사자들에게 전달한다. 설날 전에는 공익 활동을 체험할 수 있는 자리를 마련해 사람들이 직접 바느질해서 홍빠오紅包(설 세뱃돈 봉투)를 만들어 모금한 돈을 도움이 필요한 사람들에게 기부하기도 한다.

어쩌면 우리는 너무 오랫동안 자신이 무엇을 좋아하는지 생각해본 적 없거나 살면서 겪는 스트레스로 좋아하는 것을 좇지 못했을 수 있다. 하지만 아무래도 괜찮다. **언젠가 꿈을 좇겠다는 의지가 생겼을 때, 나이가 몇 살이든 처한 상황이 어떠하든 꿈을 좇을 수 있다고 스스로 다짐하기만 하면 된다.**

Q5 왜 좋아하는 일을 하지 못할까?

첫째, 자신이 무엇을 좋아하는지 모른다. 생각보다 많은 사람이 자신이 무엇을 싫어하는지는 분명하게 알지만 무엇을 좋아하는지는 잘 모른다. 이는 돈이나 지위를 과도하게 좇아서 생긴 후유증일 수 있다. 우리는 무언가를 좋아하면 즉시 우리에게 이득을 가져다줘야 한다고 생각한다. 하지만 그 이득이 생각처럼 빨리 나타나지 않아서 중도에 물러설 때가 많다.

둘째, 걱정이 너무 많다. 좋아하는 일이 주류적 가치로 받아들여지지 않거나 삶에 영향을 주는 요소로 바뀌기 힘든 것일지 모른다. 그래서 그 일에 대한 자신의 기호를 충분히 드러낼 수 없는 것이다. 처방전 → p.79

소소한 심리학 상식

소유효과

'소유효과'라는 개념은 2017년 노벨상 수상자인 리처드 탈러Richard Thaler가 1980년에 처음으로 제시했다. 그는 피실험자들에게 머그잔 하나를 사는 데 얼마를 지불할 의향이 있는지 물었다. 그리고 머그잔을 사게 한 다음, 다시 얼마에 머그잔을 팔고 싶은지 물었다. 그 결과 피실험자들은 자신이 구매한 가격의 두 배를 받고 머그잔을 팔고 싶어 했다. 돈을 벌고 싶어서가 아니라 사람은 어떤 물건을 소유하고 나면 그 물건을 가치 있다고 여기기 때문이다. 일단 한 번이라도 소유하고 나면 물건에 감정이 생긴다. 무료 이용 서비스는 소유효과의 힘을 기대하며 사람들이 무료로 이용한 제품을 버리기 아쉽게 하는 것이다. 그러니 무턱대고 물건을 사지 말자. 원래 사려고 했던 것이 아니라면 소탐대실할 가능성이 크다.

Lesson 6

어쩔 수 없이 해야 하는 일이라면

만약 선택권이 있다면 나는 모든 사람이 좋아하는 일만 하기를 바란다. 하지만 그럴 수 있는 사람은 극히 소수에 불과하며, 싫어하는 일도 해야 하는 게 인생이다. 심지어 평생 좋아하는 일을 해본 경험이 없는 사람도 있다.

다행히 시대가 변하면서 싫어하는 일을 꾸역꾸역 해야 하는 경우가 줄긴 했지만, 살다 보면 좋아하지 않는 일을 해야 하는 상황이 생기기 마련이다. 그럴 때는 마음가짐을 바꿔보기를 권한다. 내가 중학생 때 읽은 천싱후이陳幸蕙의 《청소년의 네 가지 꿈青少年的四個大夢》이라는 책에 이런 말이 나온다. 나는 싫어하는 일을 억지로 해야 할 때마다 이 말을 떠올리며 스스로를 독려한다.

"삶의 예술이란 당신이 좋아하는 일을 하는 것이 아니라 당신이 하는 일을 좋아하는 것이다."

일본의 장인들을 소개하는 TV 프로그램 〈와후소혼케和風総本家〉에서 사회자가 50년 넘게 한 분야에서 일한 장인에게 이렇게 물었다.

"이토록 오랫동안 한 가지 일을 지속할 수 있었던 것은 그 일에 열정이 많아서겠죠?"

장인의 대답은 의외였다.

"그렇지 않습니다. 사실 처음부터 이 일에 거부감이 강했습니다. 결혼하면서 배우기 시작했는데 지금도 그다지 좋아하지 않습니다. 다만, 싫어했던 마음이 지금은 습관처럼 익숙해졌을 뿐입니다."

이전 세대 사람들은 포용력이 넓거나 아니면 자신에게 선택권이 있다는 사실을 몰라서 이렇게 참아낼 수 있었던 것 같다. 나는 수강신청을 하거나 직장을 구할 때 끌리는 조건이 아무리 많아도 싫어하는 게 한두 가지라도 있으면 그 선택지를 포기하는 학생들을 종종 본다. 한 번은 그들에게 이렇게 말했다.

"너희는 아직 너무 어려. 물론 앞으로 너희에게 주어질 선택지가 많다고 생각하니 그렇게 까다롭게 구는 거겠지만 말이다."

그러자 한 학생에게서 멋진 대답이 돌아왔다.

"교수님, 저희가 이렇게 막무가내로 행동할 수 있는 것도 이제 얼마 안 남았어요. 사회에 나가서도 계속 이런 식이면 나약하다는 소리밖에 더 듣겠어요? 그러니 조금만 더 제멋대로 굴게 해주세요."

생각의 전환은 엄청난 힘을 발휘한다

자신의 신념이 양심에 어긋나지만 않는다면 그걸로 충분하다. 나에 대한 분명한 계획이 있고 그 계획에 따라 용감하게 움직인다는 뜻이기 때문이다. 만일 그런 강한 집념이 없다면 마음가짐을 바로잡아야 한다. 그 일을 사랑하라고 스스로 설득할 필요는 없지만, 적어도 그렇게까지 싫어할 필요는 없다고 설득할 수는 있다.

실제로 어떤 일에 대한 애정은 비이성적인 경우가 많다. 어떤 사람들은 직접 접해본 적이 없는 일의 경우 안 하겠다고 거부부터 한다. 물론 사람의 태도는 변하라고 해서 변하는 것은 아니라서 어떤 일을 좋아하라고 자신을 설득하는 것도 그다지 현실적이지는 않다.

연구 결과에 따르면 태도를 바꾸는 데는 시간이 필요하고 점진적인 변화가 최선의 방법이며 변화에 성공할 확률도 높다. 내 경험에 비춰봐도 마찬가지다. 얼마 전 대학 동창을 만났는데, 그 친구는 일본을 좋아하는 지금의 나를 보며 불가사의하다고 했다. 대학 시절 나는 '소일본小日本(중화권 국가에서 일본인을 얕잡아 부를 때 쓰는 말 - 옮긴이 주)'이라는 단어를 사용할 만큼 일본을 싫어했다. 생각이 바뀌게 된 계기는 당시 일본인이 쓴 독일 여행서를 우연히 읽고 나서부터인 것 같다. 독일이 일본처럼 도로가 질서정연해서 일본인이 독일 여행을 좋아한다는 것을 이때 처음 알게 됐다.

독일에 대한 나의 애정은 말로 표현하기 힘든 부분이 있다. 중학교 때 독

일어 동아리 활동을 하면서 나는 이 낯선 나라에 줄곧 호감을 품고 있었다. 여름방학 때 직접 독일에 다녀온 뒤 그곳에 머물던 느낌이 좋아서 독일어를 더 열심히 공부하기도 했다. 어쩌면 그 책에서 독일과 일본의 공통점을 발견했기 때문에 일본에 대한 생각이 점차 바뀌었는지 모른다. 이후 일본을 방문하고 나서는 이 나라를 더욱 좋아하게 됐고, 이후 7년간 거의 해마다 한 번씩 일본을 찾았다. 1년에 두 번 방문한 적도 있다.

어떤 대상에 대한 편견을 내려놓고 두루 알아보려는 의지가 있다면, 자신이 그것을 그렇게 싫어하지 않았다는 것을 깨닫게 된다. 그리고 그 대상에 대한 생각을 변화시킬 기회도 생긴다. 이는 악기나 스포츠를 배우는 것과 비슷하다. 처음 시작할 때는 간단하고 지루한 동작을 반복해서 연습하는데 어떤 사람들은 이 시간을 못 견디고 포기한다. 이를 견딘 사람이라고 해서 반복 연습을 진심으로 좋아하는 건 아니다. 유의미한 활동을 지속하면서 생각이 바뀐 것이다.

너무 많은 것을 바라지 말 것

우리는 어떤 일의 결과만 원하고, 그 결과를 얻기까지의 과정은 겪기 싫을 때가 있다. 하지만 그런 마음은 내려놓고 무엇이든 충실하게 해내야 한다. 알다시피 세상에 공짜는 없다. 아무것도 지불하지 않고 내가 원하는 것을 얻을 수 있으리라 기대하면 안 된다.

일을 예로 들어보자. 돈을 벌기 위해 일하는 사람이 많다. 그래서인지 적은 월급은 이직의 가장 주된 원인이다. tvN 드라마 〈나빌레라〉의 주인공할아버지는 젊었을 때부터 발레에 대한 열정이 있었지만, 가족을 부양해야 하는 처지 때문에 마음을 접어야만 했다. 하지만 퇴직 후에도 발레에 대한 열정은 식지 않았고 그제서야 좋아하는 일을 좇는다. 우리도 어쩌면 돈을 많이 벌고 싶다는 열정이 아니라 각종 대출금과 생활비로 인해 돈 앞에서 약해진 것일지도 모른다. 어떻게든 살아야 하니 그냥 참고 견딜 만한 일이라면 더 많은 보수를 택한다. 하지만 그렇다고 해서 우울해할 필요는 없다.

애니메이션 영화 〈소울Soul〉의 주인공도 줄곧 재즈 밴드 연주자가 되고 싶었지만, 꿈을 이루지 못해 중학교 밴드 지도교사로 일한다. 그는 영화 후반부에 가서야 지도교사로서의 보람을 느끼게 되는데, 그동안은 재즈 피아니스트가 되고 싶다는 일념 때문에 현재 하는 일에서 가치 있는 무언가를 발견하지 못했던 것이다. 그러니 **나에게 필요한 것을 얻을 수 있다면, 일단 그냥 해보자. 그 속에서 소소한 재미를 찾다 보면 어느새 즐기고 있는 자신을 발견하게 될 것이다.**

지속하는 힘은 집념에 있다

한 가지 일을 지속한다는 건 그 일을 정말 좋아하기 때문이라고 생각하는 사람들이 많지만, 실은 그렇지 않다. **어떤 일에 대한 호감은 그 일을 시작하도록 등을 떠밀고 한동안 그 일을 기꺼이 하게 할 뿐이다. 그 일을 지속할 수 있는지는 호감과는 큰 상관이 없다. 그보다 그 일을 잘하겠다는 집념이 있는지의 여부에 달렸다.**

2022년 베이징 동계올림픽에서 금메달을 딴 일본 피겨스케이팅 국가대표 하뉴 유즈루羽生結弦 선수가 좋은 예다. 그는 자서전《푸른 불꽃》에서 이렇게 말했다.

> "처음에는 좋아서 스케이트를 배우기 시작했는데 즐겁던 일이 시간이 갈수록 그저 그런 평범한 일이 됐다. 스케이트를 그만두고 야구를 하고 싶은 생각도 있었다. 하지만 이런 식으로 패배를 인정하기는 싫어서 연습에 더 매진했다."

이것이 집념이다. 내가 박사과정 1년 차일 때 당시 학과장이던 그레이엄 히치Graham Hitch 교수는 "학계에 남고 싶다면 똑똑한 머리나 재주가 아닌 끈기가 필요하다"라는 말로 학생들을 독려했다. 비단 학계에서만이 아니라 어느 한 분야에서 입지를 다지기 위한 필요조건은 '꾸준함'이다. 한 분야에 오래 있다 보면 싫증이 나게 마련이다. 가끔 예상치 못한 충격을 받기도 하는데, 이런 것들은 쉽게 포기하게 만드는 원인이 된다.

다들 공부보단 놀기에 바빴던 대학 시절, 같이 어울렸던 동기 한 명이 뜬금없이 석사 공부를 시작했다. 그는 생명과학 분야에서 석사 공부를 하더니 잠깐 바이오 특허 쪽으로 방향을 틀었다가 다시 원래 분야로 돌아와 박사학위를 취득했다. 지금 그는 해당 분야 박사후 연구원으로 몇 년째 일하고 있지만, 일에 대한 열정이 있다고 말한 적은 단 한 번도 없었다. 지금의 그를 있게 한 건 열정보다 꾸준함일지 모른다.

첫째, 지나치게 근시안적이다. 요즘처럼 빠르게 변하는 시대에는 씨를 뿌리자마자 열매가 자라기를 바라는 사람이 많다. 하지만 빨리 이득을 얻는 건 사기일 가능성이 크다. 투자 사기 수법처럼 처음에는 달콤함을 맛보게 한 뒤, 빠져나가지 못하게 계속 수렁으로 빠트리는 것이다.

둘째, 그저 핑곗거리를 찾고 있을 뿐이다. 자기가 무엇을 좋아하는지 모를 수는 있지만, 노력하는 게 힘들어서 '나는 싫어하는 일은 못 한다'고 스스로를 합리화하고 있지는 않은가? 이는 모르는 게 아니라 하고 싶은 일이 없는 것뿐이다.

처방전 → p.79

소소한 심리학 상식

끈기

심리학자 앤절라 더크워스Angela Duckworth는 아이큐나 타고난 재능보다 포기하지 않고 노력하는, 끈질기게 견딜 수 있는 마음의 근력인 '그릿GRIT'이 성공한 사람들이 가진 공통된 중요 요소라고 했다. 그런데 끈기는 그릿의 한 요소에 불과하며 그릿에는 열정이라는 다른 요소도 존재한다. 그릿에 비해 끈기는 어딘가 영혼 없는 로봇을 닮았다. 꾸준히 노력하지만 왜 노력하는지에 대해서는 집념이 그렇게까지 강하지 않다. 최근 그릿에 대해 비판의 목소리가 나오는 원인은 아마도 그릿의 척도와 관련 있을 것이다. 이 척도가 끈기라는 요소를 지나치게 중시하는 반면, 열정이라는 요소는 등한시한다고 보는 학자들이 있다. 하지만 메타 연구 결과에 따르면 그릿이 성공과 관련 있는 주된 이유는 목표에 대한 열정 때문이다. 그릿의 척도로는 사람의 열정을 정확하게 측정할 수 없기 때문에 그릿과 성공 사이에 관련성이 없다는 잘못된 추론으로 이어진 것이다.

Lesson 7

스스로 열정을 강요하지 말 것

미래에 대한 계획이 막연한 학생이 있었다. 가족은 그녀가 임상심리연구소 시험에 응시하기를 바랐다. 그녀는 가족의 성화에 못 이겨 시험을 보고 무난히 합격했다. 그 후로도 그럭저럭 괜찮은 결과를 보여준 그녀에게 나는 공부를 마치고 정말 임상심리사가 될 생각인지 물었다. 그녀는 고민하지도 않고 "가족만 아니라면 임상심리사는 안 하고 싶어요. 저랑 너무 안 맞는 일이거든요"라고 대답했다.

난 그녀에게 강요하지 말라고 가족을 설득하고 싶었지만, 부모가 자녀에게 기대를 거는 것이 나쁜 일도 아니고, 그런 기대로 인해 자녀에게 문제가 생기는 게 아니라면, 나의 간섭이 오히려 부적절하게 보일 수 있다고 생각했다. 물론 부모의 기대에 부응하려고 자신을 몰아붙이다가 고통스러운 나

날을 보내는 학생이 있다면 학생의 동의를 구하고 가족과 대화를 나눠보겠지만, 반드시 만족스러운 결과를 거둔다는 보장은 없다. 많은 부모가 자녀에게 무엇이 필요한지는 자신들이 제일 잘 알고, 그 첫 번째는 자녀를 위한 계획을 세워주는 것이라고 생각하기 때문이다.

이 학생처럼 어쩔 수 없이 자신을 몰아세우는 경우는 생각보다 많다. 친구 중에 의사 집안 출신이 있었는데, 그는 무조건 의대에 가야 한다는 가족의 강요에 못 이겨 재수를 했다. 몇 번의 도전 끝에 의대에 합격했지만, 의사 일에 흥미가 없어서 1~2년 정도 일하다가 결국 의사를 그만두었다. 그런데 사람들은 왜 그렇게 많은 시간과 자원을 들이고 나서 포기하는 걸까?

돌이켜 보니 나도 대학교 1학년 때 전공이 나와 안 맞는다는 것을 알면서도 바로 전과하지 않았다. 물론 나는 억지로 나를 몰아세웠다기보다는 전과라는 선택을 하지 않은 것뿐이다. 자신을 몰아세우지 않았다고 말하는 이유는 그 당시 나는 이미 심리학에 대해 더 많이 알고 싶어서 선택과목으로 심리학 수업을 많이 듣기도 했고, 학생 지도 센터에서 일도 했으며, 졸업 논문을 쓸 때 심리학과 근접한 주제를 선택했다. 한마디로 이미 반半 심리학과 학생이나 다름없었다.

언제 포기하고, 언제 조금만 더 버티라고 자신에게 주문을 걸어야 하는지 판단하기는 쉽지 않다. 모든 선택이 같은 결과를 가져오지 않기에 어떤 선택이 더 나은지도 결론 내리기 어렵다. 의연하게 포기할 수 있는 시기는 과연 언제쯤일까? 나는 포기한 결과를 받아들이거나 개의치 않을 수 있고, 포기한 뒤 해야 할 일을 잘 알고 있는 순간이 바로 과감히 포기할 때라고 생각한다. 아직 그런 경지에 이르지 못했다면 준비가 덜 됐다는 뜻이니 그런 사람들에게는 당장 포기하라고 부추기지 않겠다. 요즘 보면 충동적으로 행동하는 사람이 많은데, 일이 좀 안 풀린다고 해서 다른 직장을 구하기도 전에 그만두는 등의 충동은 조금 자제할 필요가 있다.

싫어하는 일을 계속 한다면

싫어하는 일을 오래 했을 때 가장 뚜렷하게 드러나는 단점은 성취감을 얻기 힘들다는 것이다. 싫어하는 일에는 노력이나 자원을 적게 들이게 돼 결과가 나쁠 수밖에 없다. 문제는 결과가 나쁘면 그 일이 더 싫어진다는 것이다. 최악은 배워도 도움이 안 되는 것 같다거나, 나한테 내 삶의 주도권이 없어서 남에게 휘둘릴 수밖에 없다는 생각이 드는 것이다. 이런 문제 상황이 제때 해결되지 않으면 우울증의 원인이 될 수 있으니 각별히 주의해야 한다.

또 한 가지 단점은 싫어하는 일을 오랫동안 하면 심신이 지친다. 미국 스탠퍼드대학교의 제프리 페퍼Jeffrey Pfeffer 교수는 저서 《월급 받기 위해 죽는다Dying for a Paycheck》에서 61%의 직원이 직장 스트레스로 병이 났으며, 그중 7%는 반드시 입원 치료를 해야 하는 사람들이었다고 밝혔다. 물론 직장 스트레스가 꼭 일에 대한 불만에서 비롯되는 것은 아니지만 여러 원인 중 하나인 것만은 분명하다. 따라서 '일에 대한 혐오'가 우리에게 미치는 영향을 결코 무시하면 안 된다. 직장 업무 외에도 싫어하는 일을 오래 하면 대체로 부정적인 기운만 쌓일 뿐이다.

이는 자기에게만 영향을 미치는 것이 아니라, 다른 사람과 상호 작용하는 데에도 영향을 미치게 되므로 불리한 악순환의 고리가 생길 수 있다. 이런 상황이 되면 주변에서 도와주기도 어렵다. 일에 대한 나의 불만에 공감하면 그들도 일에 불만이 있다는 뜻으로 비칠 수 있기 때문이다. 혹 불만에 공감하더라도 그들이 진짜로 그렇게 느낀다는 보장은 없으며 속으로는 가치관의 충돌을 겪고 있을지도 모른다.

할 수 있는 선택은 생각보다 많다

우리가 선뜻 포기하지 못하는 대부분의 이유는 포기했을 때 어쩌면 나에게 필요할지도 모르는 것을 잃을까 봐 걱정해서다. 그게 돈일 수도 있고 신분과 지위일 수도 있다. 하지만 무리해서 일하는 것이 포기할 때보다 반드시 손해가 적다고는 할 수 없다. 하물며 싫어하는 일을 해야만 원하는 것을 얻는다고 착각하는 경우는 더 말할 것도 없다.

나의 조건이 아주 형편없지 않다면 싫어하는 일에 끌려다니지 않아도 된다. 가끔은 포기하고 싶은 마음이 되려 새로운 것을 시도하게 만들기도 하는데, 이 과정에서 좋아하는 것을 발견할 수도 있다. 사랑하는 사람이 더 이상 나를 사랑하지 않는다거나 혹은 그에 대한 나의 사랑이 식었다는 것을 알았을 때도 우물쭈물할 필요 없다. 지난 감정을 내려놓지 않고 어떻게 또 다른 관계를 시작할 수 있겠는가? 이미 변해버린 관계라면 집착하지 말아라. 다른 길로 가면 더 좋은 결과를 얻을지도 모른다.

우리를 꼼짝 못하게 만드는 것은 겉만 번지르르한 자존심일 때가 많다.

끝까지 버티지 못하면 스스로를 부족한 사람이라고 생각한다. 그래서 겉으로는 이런 마음이 들키지 않길 바라며 좋은 이미지를 유지하려고 한다. 하지만 어떤 일에 자신이 어울리지 않는다고 인정하는 것이야말로 우아한 퇴장이며, 억지로 버티면서 스스로를 억울하게 만드는 것보다 훨씬 더 멋진 행동이다.

어떤 일을 못한다고 해서 아무것도 못하는 것이 아니라는 것을 확실히 안다면, 갈 수 있는 길이 생각보다 좁지 않다는 것을 알게 된다. 가끔 기회가 눈앞에서 기다릴 때도 있으니 미리미리 나를 찾을 준비를 하며 기회를 잡길 바란다. 우물쭈물하다가는 기회를 놓치고 말 것이다.

하고 싶은 일이 없다는 게 가장 무서운 일

하기 싫은 일을 스스로 강요하지 않는 것이 중요하지만, 정작 문제는 대다수 사람이 자기가 무엇을 하고 싶은지 잘 모른다는 것이다. 요즘 보면 바다 위를 둥둥 떠다니는 고목처럼 썰물이든 밀물이든 아무런 반응 없이 그저 조류를 따라 움직이는 사람들이 적지 않다. 최근에 등장한 'MZ세대 염세주의자'가 대표적이다. 이들은 대개 소득수준이 낮고 가난하며 자신의 미래가 어둡다고 생각한다. 처음에는 변하려고 노력하지만, 자신의 노력만으로는 현재 상황을 바꿀 수 없다는 것을 깨닫고 차츰 희망의 끈을 놓는다.

높은 문턱을 넘으려고 여러 번 시도하는 사람들도 있다. 하지만 이들도 계속해서 좋은 성과를 거두지 못하면 끝내 타협하고 만다. 정말 안타까운 일이다. 만약 내 주변에 자신의 꿈을 좇는 친구가 있다면 나는 그들을 지원

할 방법을 찾을 것이다. 나는 이 사회에 자신이 좋아하는 일을 좇으려는 사람이 줄어드는 것을 원치 않는다.

내가 무엇을 좋아하는지 잘 모르더라도 자기 생각이나 주장 없이 남의 의견에 동조해서는 안 된다. 맹목적으로 남이 하는 대로 따라 하면 대부분 결말이 아름답지 못하다. 오히려 더 큰 공허함을 느끼게 되는 경우가 많다. 결국 싫어하는 일이 또 하나 늘 뿐이다. 이럴 때는 갭 이어gap year(학업이나 일을 잠시 중단하고 어학연수, 봉사, 여행, 인턴십 등으로 부족한 스펙을 보충하는 기간 – 옮긴이 주)를 활용하면 도움이 된다. 갭 이어 기간에 자기계발에 힘쓰면서도 자기만을 위한 시간은 꼭 남겨두길 바란다. 그 시간은 노는 데 써도 되고, 자신이 진짜 하고 싶은 일이 무엇인지 탐색하는 데 사용해도 좋다. 하지만 무엇보다 **진짜 중요한 것은 변화를 받아들일 만큼 열린 자세를 갖추고 있는지다.** 이런 준비가 돼 있지 않다면 갭 이어를 가진다 해도 좋아하는 것을 발견하지 못할 가능성이 크다.

Q7 왜 스스로를 억울하게 만들까?

첫째, 변할 용기가 없다. 어떤 사람들은 현재 상황에 불만이 많지만, 변화해도 계속 불만족스러울까 봐 두려워한다. 물론 변화를 시도했는데 여전히 불만족스러울 수도 있다. 하지만 변화하려고 시도했다는 것만으로도 내가 진짜 좋아하는 것에 한 발 더 가까워질 수 있다.

둘째, 미움받는 것이 두렵다. 싫어하는 일을 내려놓지 못하는 이유는 남에게 미움받기 싫어서다. 그 대상이 가족이라면 더욱 그렇다. 힘든 상황이기는 하지만 명심할 것이 있다. 우리의 인생은 결국 내 것이며 누구도 대신 책임져주지 않는다는 사실이다. 잘 해낸다면 가족도 이해해줄 것이다.

처방전 → p.79

소소한 심리학 상식

번아웃

번아웃burn-out은 세계질병분류ICD에 기재된 질병이지만, 의학적인 질병이 아닌 직업과 관련한 문제 현상으로 분류된다. 번아웃은 생리적인 질병을 야기하는 데 초점이 맞춰진 것이 아니라 직장에서 받은 스트레스가 초래한 결과라는 것이 핵심이기 때문이다. ICD에서 정의하는 번아웃은 다음 세 가지를 포함한다. 첫째, 에너지가 소진되거나 기진맥진한다. 둘째, 일과 심리적인 거리가 멀어지거나 일에 대해 나쁜 감정이 생긴다. 셋째, 업무 효율이 떨어진다. 번아웃의 정의가 직장과 관련한 부분에 집중돼 있지만, 아무런 조치 없이 내버려둔다면 일상생활에 또 다른 부정적인 영향을 가져오게 된다. 장기간 지속된 번아웃으로 초조함, 우울감과 같은 증상이 동반된 사람들이 있는 것처럼 말이다. 그러므로 일하면서 우울한 기분이 든다면 부정적인 감정이 삶의 다른 부분으로 확산되지 않게 최대한 빨리 전문가의 도움을 구해야 한다.

Lesson 8

열정은 쓸모 있지만 만능은 아니다

열정은 우리를 더 효율적으로 일하게 하고, 쉽게 포기하지 않게 만든다. 하지만 그렇다고 해서 열정만으로 모든 일이 술술 풀릴 거라고 착각해서는 안 된다. 어떤 일에 열정이 있다는 것이 그 일에 능수능란하다는 뜻은 아니기 때문이다. 열정이 있어도 내가 잘하는 분야가 아니라면 들인 노력에 비해 성과가 미미할 가능성이 크다. 그래서 대부분의 사람들은 결국에는 자기가 잘하는 일을 하며 생계를 유지한다.

열정은 반드시 목표 지향적이지 않을 수도 있다. 어떤 일에 열정이 넘치더라도 그것이 꼭 성공으로 이어지는 건 아니다. 내가 좋아하는 일로 성공하기 어렵다면 반드시 취사선택해야 한다. 예술 창작을 예로 들어보자. 네덜란드 화가 빈센트 반 고흐는 이제는 모르는 사람이 없을 정도로 유명한 후기 인상파 화가지만, 그가 죽기 전까지 판매한 그림은 고작 한 점이 전부였고 가격도 형편없었다. 그러나 오늘날 반 고흐의 작품이 엄청난 가치를 자랑하는 걸 보면서 나도 할 수 있겠다고 생각하는 것은 금물이다. 죽고 나서 비로소 이름을 알린 반 고흐처럼 그와 같은 역경을 헤쳐 나갈 수 없다면, 낙관적인 결말은 그저 상상에만 머물게 될 것이다.

한때 창업하면 치킨이었지만, 최근에는 카페가 우후죽순 생겨나고 있다. 커피나 베이킹을 좋아하니 언젠가 작은 카페나 디저트 가게를 오픈해 나도 사장님이 되겠다는 꿈을 가진 사람들이 많다. 그런데 카페를 오픈하기에 가장 최적의 장소인 유동 인구가 많은 곳에 가게를 여는 것은 생각처럼 쉽지 않다. 무엇보다 어떤 것을 좋아하는 것과 그 일로 생계를 유지하는 건 완전히 다른 이야기다.

예전에 석사를 준비하던 한 학생은 케이크를 만들어 주변 사람들에게 선물하는 걸 좋아했다. 사람들로부터 맛있다는 평을 받아서인지 그는 졸업하고 그동안 공부한 분야에 취직하는 대신 온라인 베이커리를 준비했다. 온라인이라 매장 비용은 없었지만, 설비를 마련하는 데 상당한 지출을 했고, 동종업계 경쟁도 치열해서 사업을 시작한 후로 돈 벌기가 녹록지 않았다. 결국 그는 운영한 지 얼마 되지 않아 베이커리를 접고 전공 관련 직장으로 취업했다. 내 제자 중에도 한때 파티시에를 꿈꾸며 자격증 시험을 본 친구가 있었다. 하지만 그는 자기가 만든 케이크를 직접 판매해본 뒤로 베이킹에 대한 자신의 열정이 사업을 할 만큼 크지 않다는 것을 깨닫고 취업을 택했다.

열정은 잘못된 기대를 가져온다

물불 안 가리고 자기가 사랑하는 것을 좇는 사람들을 보면 구체적인 계획이 전혀 없는 경우가 많다. 일부 신생 기업의 경우, 훌륭한 비전은 있을지 몰라도 세세하게 고려하고 살피는 능력은 부족하다. 결과적으로 신규 자금이 들어오지 않거나 기대만큼 성장하지 못하면 대충 결론을 내고 폐업 절차를 밟는다.

기업 규모가 커도 마찬가지다. 열정이 불타올랐을 때 지나친 낙관주의에 빠질 경우, 발생 가능한 리스크를 간과하고 잘못을 저지르기 쉽다. 미국의 메디컬 스타트업 테라노스Theranos의 창업자 엘리자베스 홈즈Elizabeth Holmes는 피 몇 방울로 온갖 병을 진단하는 기술을 개발했다고 해서 투자를 유치했는데, 큰 인기를 끌어 한때 기업 가치가 90억 달러(약 12조 원)를 돌파할 정도였다. 당시 투자자들은 이 회사가 표방하는 것을 곧이곧대로 믿었다. 홈즈는 피 한 방울과 측정기만 있으면 저렴한 가격에 수백 가지 질병을 진단할 수 있고, 나아가 의료 서비스 시장을 통째로 바꿀 수 있다고 말했다. 그 덕에 수많은 거물 투자자를 끌어들여 10억 달러(약 1조 3천억 원)에 가까운 자금을 조달했는데, 그녀는 결국 사기죄로 고소당했다.

납골당 투자 사기도 이와 비슷한 수법을 사용한 것이다. 사기꾼들은 높은 수익으로 투자자들의 열정에 불을 지피고, 거짓말을 밥 먹듯이 하며 투자자들을 점점 더 깊은 수렁으로 빠트렸다. 그런데 사기 피해자들 중 상당수는 사기꾼들이 체포된 후에도 자신은 단지 투자 손실을 입었을 뿐 사기를 당한 것은 아니라고 굳게 믿고 있었다.

어떤 일에 열정이 넘칠 때는 진심 어린 충고를 아끼지 않는 주변 사람들에게 객관적인 조언을 구해야 한다. 아니면 반대 의견을 가진 사람들을 찾아가 의견을 들어봐야 한다. 이렇게 하면 적어도 무엇을 주의해야 하는지 돌아볼 수 있고, 나아가 나의 이상을 꾸준히 밀고 나갈 힘을 얻을 수 있다.

책임감이 있어야 지속할 수 있다

이처럼 열정은 사람의 눈을 가리기도 한다. 그렇다면 어떻게 해야 맑은 정신을 유지할 수 있을까? 나는 책임감이라고 생각한다. 열정만 앞서면 현실적으로 생각해봤다든지 열정이 식었다든지 하는 이유로 포기할 가능성이 크다. 그런데 일을 일종의 책임으로 받아들이면 이야기가 완전 달라진다.

예전에 다양한 질문 방식으로 사람들의 행동을 바꾸려고 한 연구자들이 있었다. 그들의 연구 결과에 따르면 나와 타인에 대한 책임에 초점을 두고 질문했을 때 행동에 변화를 주는 사람의 비율이 더 높았다. 마찬가지로 사회 의존도가 높은 사람에게는 어떤 행동이 다른 사람에게 큰 영향을 미친다는 점을 강조하면 변화하려는 강력한 동기가 생겼다.

따라서 **열정을 자신의 지향점으로 삼을 때는 책임감이라는 요소를 살짝 더하면 좋다.** 예를 들어, 작곡에 열정이 넘친다면 곡이 필요한 공익단체가 있는지 적극적으로 찾아보자. 그러면 작곡이라는 일이 열정에만 그치는 것이 아니라 해당 단체에 대한 책임이 더해진다.

나는 줄곧 학생들의 전공을 살려 도움이 필요한 복지단체를 위해 같이 무언가를 하고 싶었다. 계속 생각만 하다가 몇 년 전에야 비로소 실행에 옮졌다. 당시 우리는 도움이 필요한 공익단체를 아는 친구가 있는지 수소문했다. 마침 공익단체 커뮤니티에 지인이 있던 한 학생이 복지단체 12곳을 찾아주었고, 복지단체를 돕는 일은 더 이상 내 생각(열정)에만 그치는 게 아니라 해당 단체들에 대한 책임으로까지 발전할 수 있었다.

내가 학생들에게 요구한 것은 딱 한 가지였다. 반드시 심리학 연구의 성과를 녹여내야 한다는 것이었다. 다행히 학생들은 실제로 심리학을 실천할 수 있는 방안에 대해 상당한 흥미를 느꼈고, 결과적으로 성공을 거둘 수 있었다. 공익단체들도 학생들의 관점이 참신하고 다양해서 깨달은 점이 많다며 해당 방안에 긍정적인 반응을 보였다.

열정은 핑곗거리가 아니다

열정이 어떤 일을 실행하도록 마음을 움직이는 데 결정적인 역할을 할 수는 있지만, 그 일을 끝까지 할 수 있을지의 여부는 열정과는 관계없다. 그러므로 열정에 지나치게 의존해서 무슨 일을 할지 결정해서는 안 되고, 무언가를 포기할 때 죄책감을 덜기 위해 열정이 없다는 것을 핑계 삼아서도 안 된다. 어떤 일을 오랫동안 할 수 있기를 진심으로 바란다면 열정을 전환하는 방법을 생각해보자.

나는 심리학을 널리 알리기 위해 적어도 일주일에 심리학 관련 글을 한 편씩 쓰자고 다짐했고, 그렇게 몇 년을 지속했다. 그러던 어느 날 타이완대학교의 후배 하나가 이렇게 물었다. 심리학 연구가 이렇게나 많고 상호 배타적인 결론도 적지 않은데 그중 어느 한쪽만 소개하면 독자들을 그릇된

길로 이끌 수도 있지 않겠냐는 것이었다. 그 말을 듣고 나는 단편적인 연구 소개는 줄이고 최소 두 가지 이상의 다른 관점을 제공하려 애썼다. 그런데 그렇게 되자 신경을 많이 써야 해서 매번 글을 쓸 엄두를 내지 못해, 결국 이 일을 그만두게 됐다.

열정이 전부가 아니라는 것을 알아서인지 지금 나는 열정이 생기는 대상을 만나도 이성적으로 생각하고 스스로 제동을 건다. 그리고 그 열정에 스스로 책임질 수 있는지 묻는다. 긍정적인 대답이면 그 일을 좇지만, 아닌 경우에는 우아하게 방관자로 남는다.

Q8 왜 열정이 가장 중요하다고 생각할까?

첫째, 현실을 외면하고 있다. 어떤 사람은 열정이 전부가 아니라는 것을 알면서도 현실을 직시하기 싫어서 열정을 유일한 고려 대상으로 삼는다.

둘째, 열정의 중요성을 과대평가한다. 대체로 경력이 짧은 사람일수록 열정을 중시하는 경향이 있다. 그러나 열정은 우리가 어떤 감정으로 일하느냐에 영향을 주는 것이지, 그 일을 지속할 수 있는지에는 영향을 주지 않는다.

처방전 → p.79

소소한 심리학 상식

열정과 성공

연구 결과에 따르면 열정과 성공은 연관성이 있다. 그런데 둘 사이에 연관성이 있으려면 중간에 다소 복잡한 무언가가 필요하다. 예를 들어, 직원이 일에 대한 열정이 있다 해도 팀장이 함께 일에 열정을 보여야만 그 직원의 성공 여부를 예측할 수 있다고 한다. 직원만 열정이 있고 팀장은 열정이 없다면 직원의 열정은 힘을 발휘하지 못한다. 만약 내가 직원이고 팀장을 선택할 수 없는 상황이라면 어떻게 해야 할까? 이때는 직장을 바꾸는 편이 장기적으로 나에게 더 이득이 된다. 다만, 새로운 직장을 구할 때는 상사가 될 사람이 어떻게 일을 대하는지 미리 알아봐야 한다. 불구덩이를 피하려다 다른 불구덩이에 뛰어드는 격이 되지 않도록 말이다.

심리학 처방전

Q5. 왜 좋아하는 일을 하지 못할까?

처방전1 돈이나 지위에 연연하지 말고 자신에게 솔직한 질문을 던져보자. 그래야 내가 진짜 좋아하는 것을 발견할 수 있다.

처방전2 인생은 온전히 좋아하는 일만 하며 살 수 없다. 삶의 일부분을 좋아하는 일에 조금씩 써나가면서 차차 조정해야 한다.

Q6. 왜 싫어하는 일은 못하겠다고 할까?

처방전1 나를 위한 포상을 마련해보자. 싫어한다고 여겼던 일도 시도할 수 있을 것이다.

처방전2 아무것도 안 하고 그냥 그러려니 하면서 지낼 수 있다면 상관없지만, 정 방법이 없을 때는 싫어하는 일이라도 해야 한다. 무엇이 됐든 생각만 하지 말고 행동을 취해야 한다.

Q7. 왜 스스로를 억울하게 만들까?

처방전1 변하면 발전할 수 있다고 스스로 상기시키면서, 좋은 쪽으로 초점을 맞춰야 무언가를 시도해볼 용기가 생긴다.

처방전2 예방 주사를 맞듯이 사전에 충분히 소통하면 다른 사람의 반발심을 줄일 수 있다.

Q8. 왜 열정이 중요하다고 생각할까?

처방전1 열정을 좇기 위해서 내가 얼마나 많은 대가를 치러야 하는지 꼭 생각해야 한다. 그 답이 정확성이 떨어지더라도 아예 안 하는 것보다 낫다.

처방전2 열정이 사라져도 일을 지속하게 할 다른 이유가 있는지 스스로 물어보자. 그 이유들이 열정을 잃었을 때 조금이라도 더 버틸 수 있는 힘이 될 것이다.

Section 2

내 삶을 계획한다는 건

집 중

계 획

고 집

집중

집중의 진정한 의미는
매 순간, 일분일초마다 집중하는 것이 아니라,
집중하고 싶을 때 집중해야 할 대상에 집중하는
것이다. 집중할 필요가 없을 때는 확실하게 쉬면서
에너지를 충전하자.

Lesson 9

집중하지 않는 게 아니라, 어디에 집중해야 하는지 모를 뿐

학생들은 내게 이런 질문을 자주 한다.

"교수님, 저는 공부할 때 집중이 잘 안 돼요. 교수님은 집중력을 연구하시니, 좋은 방법이 있으면 알려주세요."

그러면 나는 대답하기에 앞서 학생에게 반문한다.

"정말 공부가 하고 싶은 게 맞니? 사실 다른 일을 하고 싶은 건 아니고?"

그러면 그들은 뒤통수를 한 대 얻어맞은 듯, 깨달음을 얻었다는 표정을 짓는다. 자신이 공부에 집중하지 못하는 것을 이런 관점에서 생각해본 적이 없어서다.

정말 집중하고 싶다면, 분명한 목표를 설정하고 그 목표를 이루기를 진심으로 바라는 것이 가장 중요하다. 그런데 이렇게 하기가 생각만큼 쉽지 않다. 우리 삶은 외부 방해 요소들의 영향을 너무 많이 받는다. 내부에 존재하는 방해 요소는 더 말할 필요도 없다.

하지만 내가 무엇을 원하는지 명확하게 알고 있으면 뇌가 하향식top-down 메커니즘을 가동해서 원하는 것을 처리하는 데 집중하도록 도와준다. 이는 마치 책《윌리를 찾아라》와 비슷하다. 이 책이 어떤 책인지 모른다면 그림에 윌리라는 캐릭터가 있다는 것을 아예 신경 쓰지 않을 것이다. 설령 그림 안에 윌리가 한 명 숨어 있는 것을 알아도 금방 찾아낸다는 보장이 없다. 그림에 윌리와 닮은 방해물이 너무 많기 때문이다. 그런데 만약 윌리가 빨간색과 흰색이 섞인 스트라이프 티셔츠 차림에 무언가를 들고 있다는 것을 안다면 윌리를 찾는 데 드는 시간이 훨씬 단축된다.

목표를 어떻게 세워야 할까

윌리를 찾는 것처럼 인생의 목표와 방향이 명확하다면 얼마나 좋을까? 그런데 한편으로는 노력해서 궁극적으로 얻어낸 성과가 예상과 똑같다는 것을 알고 있으면 좀 재미없지 않을까 싶기도 하다. 우리가 세운 구체적인 목표가 절대 달성할 수 없다는 것을 안다면, 동력을 상실할 수도 있다. 엄청난 당첨금이 걸려 있는 복권을 사려고 줄 서 있는데, 이미 1등 당첨자가 나왔다는 것을 알게 되면 복권을 살 마음이 뚝 떨어지는 것과 비슷한 이치다.

이를 막기 위해 **목표를 정할 때 내 노력으로 이룰 수 없는 목표는 되도록 피해야 한다.** 예를 들어 부서 실적 1위라는 타이틀은 나 혼자 힘으로는 달성할 수 있는 목표가 아니다. 다른 사람들과 경쟁해야 하기 때문이다. 따라서 1위 같은 목표를 설정하기보다는 내가 달성하고자 하는 목표액을 정하는 것이 더 바람직하다. 이때 자신의 예전 기록과 전체적인 상황을 고려해야 달성할 수 없는 무리한 목표를 설정하지 않을 수 있으며, 궁극적으로는 나에게 미치는 나쁜 영향을 막을 수 있다.

나는 글을 쓰거나 팟캐스트를 할 때 전달하고자 하는 메시지를 다 전달했는지, 스스로 최선을 다했는지를 항상 점검한다. 이를 충족해야만 내 소임을 다했다고 생각한다. 이런 마음가짐으로 일을 하면 조회 수나 청취자의 악플 등 방해물의 영향에서 자유로울 수 있다. 콘텐츠를 잘 만드는 것이 목표이니 다른 부분은 콘텐츠를 제작할 때 고려할 사항이 아니라는 것을 알기 때문이다.

또한, **나에게 맞지 않는 난이도의 목표를 설정하는 것도 부적절하다.** 너무 어려운 목표는 내가 아무리 노력해도 그 목표를 실현하기 힘들다는 생각에 쉽게 포기하게 되고, 반대로 너무 쉬운 목표는 달성은 쉽게 해도 달성한 뒤에 사람을 나태하게 만들 수 있어 좋다고 할 수 없다.

앞에서 **'구체적이지만 내가 완전히 통제할 수 없는' 목표 설정은 피해야 한다**고도 언급했다. 그렇다면 '추상적이지만 내가 완전히 통제할 수 있는' 목표는 적절할까? 내 대답은 "아니오"다. 추상적인 목표는 달성 기준이 애매해 불확실한 감정을 자아내기 때문이다. 예를 들어, 성공한 자영업자가 되기로 목표를 정했다고 하자. 이는 노력으로 달성 가능한 목표일 수는 있지만 성공의 의미가 다소 모호하다. 이 경우 언제를 성공한 시점으로 할 것인지 확정할 수 없어 목표 달성에 집중하지 못할 수 있다. 성공이라는 불명확한 목표를 설정하기보다는 구체적인 수치를 목표로 잡는 편이 좋다.

목표가 있다고 다 집중하는 건 아니다

목표를 갖는 것은 집중하는 데 도움이 된다. 하지만 목표만 생기면 모든 것이 일사천리라고 오해해서는 안 된다. 우리 뇌는 간섭에 상당히 취약하다. 뚜렷한 목표는 내부에서 오는 방해 요소를 막아내는 데는 도움이 될 수 있어도 외부의 방해 요소에 대해서는 내성이 약하다. 예를 들어, 중요한 시험을 앞두고 있다고 가정해보자. 이 시험에 합격하면 새로운 인생의 기회가 펼쳐지므로 잘 준비해야 한다. 그런데 시험을 준비하는 동안 주위에서 심한 소음이 나거나 맛있는 음식 냄새가 솔솔 풍긴다면 잘 쌓아왔던 집중력이 일순간 흐트러질 가능성이 크다.

따라서 나에게 영향을 주는 외부 방해 요소에 어떤 것들이 있는지 확실하게 알아두는 것이 중요하다. 이는 심리학 연구에서도 흔히 다루는 문제로, 사람들은 굉음이나 섬광, 갑자기 튀어나온 물건처럼 감각기관이 인식하는 대상에는 본능적으로 주의력을 빼앗긴다. 이는 직감적으로 판단하기에도 그럴듯하다. 하지만 모든 연구 결과가 직감적인 판단과 같지는 않다. 예를 들어, 간단한 일을 할 때는 집중력을 잘 발휘하고 주의력이 쉽게 흐트러지지 않는다고 생각하지만, 연구 결과는 그렇지 않다.

연구자는 피실험자에게 둥글게 나열된 알파벳 중에서 X나 N을 찾아달라고 요구했다. 피실험자에게 주어진 상황은 두 가지로 동그라미 여러 개와 알파벳 1개만 나열된 것(단순한 임무)과 서로 다른 알파벳으로 나열된 것

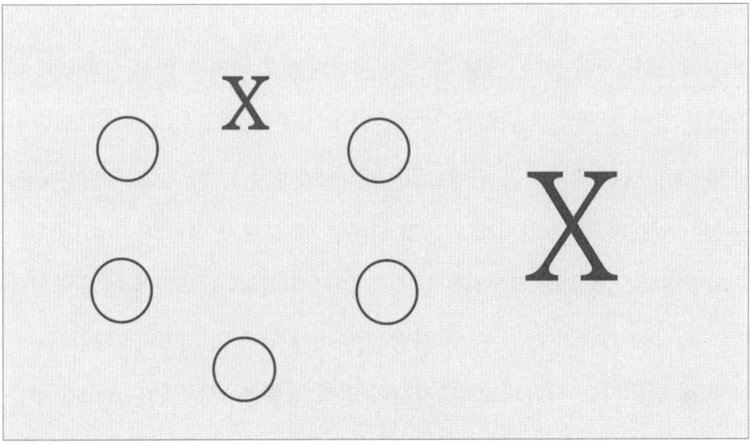

단순한 임무. 둥글게 나열된 것 중 알파벳은 X 하나뿐이다. 피실험자는 X가 나오는지 판단해야 한다. 그림 오른쪽에 커다란 X가 있지만, 이 X는 방해물이라서 피실험자는 이에 대해 판단할 필요는 없다.

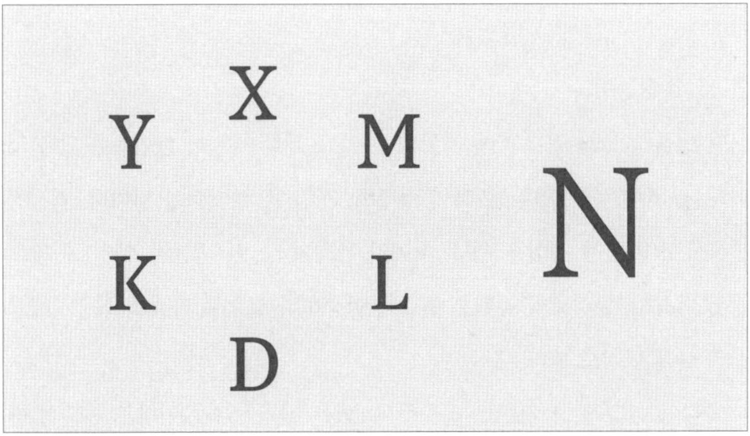

어려운 임무. 둥글게 나열된 것 전부가 알파벳이고, 위 그림처럼 X가 하나 있다. 여기서도 피실험자는 X가 나오는지 판단해야 한다. 그림 오른쪽에 커다란 N이 있지만 피실험자는 이 N을 신경 쓸 필요 없다.

(어려운 임무)이다. 원형으로 나열된 그림 옆에는 피실험자가 찾아야 하는 X와 N이 크게 적혀 있다. 실험 결과, 피실험자들은 어려운 임무 상황에서 더 집중을 잘하는 것으로 나타났다. 단순한 임무보다 복잡한 임무일 때, 오른쪽에 크게 적힌 알파벳과 원형으로 나열된 알파벳 중 둘 다 X가 있거나 둘 다 N이 있는지, 혹은 하나씩 있는지 답하는 데 오차가 적었다.

사람마다 집중력이 작동하는 방식은 조금씩 다르다. 소리에 쉽게 영향을 받는 사람이 있는가 하면, 어떤 사람은 냄새에 약하고, 의자가 불편하면 집중이 잘 안된다는 사람도 있다. **자신이 쉽게 영향을 받는 방해 요소가 무엇인지 찾아서 제거하면 집중력을 유지할 수 있다.** 나는 냄새에 민감한 사람이라 주위에 불쾌한 냄새가 나면 자리를 바꾸거나 좋아하는 향수를 뿌려서 거북한 냄새를 가린다.

연관성을 만들어라

어떤 일을 하느라 먹고 자는 것도 잊은 채 몰두한 경험이 한번쯤은 있을 것이다. 그것이 공부, 업무, 드라마 정주행, 게임 등 무엇이든 말이다. 역사적 인물들도 비슷한 경험을 했다. 서예가 왕희지王羲之는 먹물을 물인 줄 알고 잘못 마셨고, 물리학자 뉴턴은 연구에 열중하다 실수로 자신의 회중시계를 끓는 물에 넣기도 했다.

사람이 어떻게 그 정도로 집중할 수 있는 걸까? 그것은 바로 연관성 때문이다. 사람은 자신과 연관성이 높다고 느끼거나 신경 쓰는 일에 몰입한다. 이는 앞에서 언급한 주의력의 하향식 메커니즘 작동과 관련 있다.

2021년 3월 말, 창룽해운長榮海運의 컨테이너선 한 척이 수에즈 운하에서 좌초되었던 일이 화제가 된 후 나는 '창룽'이나 '해운'이란 단어가 더 자주 들리는 기분이 들었다. 이는 새 옷을 사면 꼭 그 옷과 같거나 비슷한 옷을 입은 사람을 자주 보게 되는 듯한 느낌이 드는 것과 같은 현상이다. 이처럼 어떤 일이 전보다 자주 발생하는 것처럼 느껴지는 이유는 그 일들을 나와 연관성 있는 대상으로 여겨서 일부러 더 관심을 두기 때문이다. 즉, 그 대상에 집중한다는 뜻이다.

연관성을 만들어서 자신의 목표 달성에 도움을 얻고자 한다면 시뮬레이션을 자주 해야 한다. 목표를 달성한 다음에 내가 어떤 모습으로 변하고 어떤 혜택을 얻게 될지 가상 실험을 해보는 것이다. 이런 시뮬레이션을 통해 우리는 해당 목표와 좀 더 긴밀한 연관성을 만들어내고, 목표를 달성하는 데 집중할 수 있다. 여기에서 주의할 점은 실현 가능성이 큰 것으로 시뮬레이션하는 게 좋다. 그렇지 않으면 효과가 없을 수도 있다.

Q9 왜 집중을 못할까?

첫째, 마음이 콩밭에 가 있다. 많은 사람이 집중하지 못하는 근본적인 원인이다. 이는 하기 싫은 일을 강요에 의해 억지로 하기 때문에 집중하지 못하는 것이다.

둘째, 작은 변화에도 영향을 받는다. 내적 또는 외적 방해 요소에 흔들리는 것은 그 자체로 보면 나쁜 일은 아니다. 뇌가 모든 정보를 처리하려고 부지런히 일한다는 뜻이기 때문이다. 하지만 이런 능력은 환경이 크게 변하지 않는 현대인에게는 오히려 단점이 될 수 있다. 처방전 → p.115

소소한 심리학 상식

집중력 작동 메커니즘

집중력이 작동하는 형태는 두 가지로 나눌 수 있다. 하나는 목적성이 있는 것으로 '하향식 메커니즘'이고, 다른 하나는 수동적인 것으로 '상향식 메커니즘'이라고 한다. 일반적으로 우리가 말하는 집중이란 하향식 메커니즘을 강화하고 상향식 메커니즘은 약화하는 것으로, 이론적으로는 달성하려는 목표가 있을 경우, 집중력은 하향식 메커니즘에 따라 작동한다. 그런데 우리가 집중을 잘 못하거나 방해 요소가 크게 작용할 때는 상향식 메커니즘을 따르기도 한다. 예를 들어, 한 학생이 숙제를 한다고 가정해보자. 이론적으로는 숙제를 하는 데 집중해야 한다. 하지만 다른 사람이 게임하는 소리를 계속 듣고 있는 상황이라면 숙제에 집중하기 어려워진다. 자기도 모르게 그 소리에 마음이 흔들리는 것이다. 이와 달리 근무 시간인데 머릿속은 휴가 갈 생각으로 가득하다면 어떨까? 이는 이론적으로는 목적을 향한 하향식 메커니즘이 강하더라도 엉뚱한 곳에 집중하는 것이므로 제3자의 눈에는 집중하지 않는 것처럼 보일 수 있다.

Lesson 10

순서에 얽매이지 않고 내 속도 지키기

누군가 일을 주면 당신은 바로 하는가, 아니면 일단 미루고 보는가? 내 아들은 후자에 속한다. 큰일이든 작은 일이든 뭔가를 시키면 아이는 항상 이렇게 말한다. "좀 이따가요." 말처럼 좀 지나고 나서 하면 그나마 다행인데, 아예 잊어버릴 때가 많다는 것이 문제다.

나도 예전에는 "좀 이따가"가 입에 붙은 사람이었다. 하던 일을 중단하는 것이 싫었다. 문제는 그러다가 할 일을 자주 잊어버렸다. 그래서 당장 끝낼 수 없는 일은 포스트잇에 적고 데드라인이 언제인지 표시해두기 시작했다. 요즘은 나이가 들어서인지 포스트잇에 적어 놓아도 할 일을 잊어버리기 일쑤라서 할 일이 있으면 바로바로 하는 편이다.

단기간에 끝낼 수 있는 일은 이런 식으로 하지만 비교적 규모가 큰 프로젝트는 방법을 달리한다. 나는 기본적으로 계획적인 사람이라 미리 계획표를 작성하는 편이다. 예를 들어 새로운 강의 영상을 녹화한다고 해보자. 매주 커리큘럼 한 챕터에 해당하는 분량을 녹화하는데, 나는 업무량이 일정한 스타일이라 차질 없이 계획대로 처리한다. 반대로 업무상 돌발 상황이 자주 일어나는 경우는 이렇게 계획을 짜놓고 순서대로 실행하는 방법이 맞지 않다. 갑자기 일주일 내내 정신없이 바빠지거나 출장을 가야 할 수도 있어 계획대로 일을 처리할 수 없는 일이 다반사이기 때문이다.

마감일이 닥쳐야 일하는 사람도 있다. 데드라인 전에는 아예 시작을 안 하는 유형으로, 데드라인이 또 다른 데드라인을 낳는 경우가 왕왕 있다. 보통 우리는 이렇게 계획대로 착실히 일하지 않는 사람은 대개 일을 잘하지 못할 거라고 생각한다. 실제로도 정말 그럴까? 그렇지 않다. 토끼와 거북이의 달리기 경주 이야기에 익숙한 우리에게는 꾸준히 앞으로 나아간 거북이를 토끼보다 대단하게 생각한다. 그런데 이렇게 생각해본 적 없는가? 토끼가 늦잠을 자서 출발이 조금 늦은 것뿐이라면 거북이한테 지지 않았을지도 모른다고 말이다.

내 속도대로 가면 돼

몇 년 전 타이완의 디지털 담당 정무위원인 탕펑唐鳳 덕분에 많은 사람이 '포모도로 기법Pomodoro Technique(포모도로는 토마토를 뜻하는 이탈리아어로, 토마토 모양의 요리용 타이머를 이용해 이 기법을 실행한 데서 명칭이 유래했다)'을 알게 됐다. 간단히 설명하면 굵직한 업무를 작은 업무로 쪼갠 다음, 작은 업무 하나를 완수할 때마다 휴식을 취하는 것이다. 이 기법이 탕평이나 일부 사람들에게는 잘 맞을 수 있지만, 누구에게나 적합한 방법은 아니다. 주의력이 쉽게 분산되는 사람이 쓰면 휴식 후 다시 일에 집중하기까지 긴 시간이 필요해서 오히려 작업 효율이 떨어질 수 있다.

사람은 기계가 아니므로 작업 효율이 빠를 때도 있고 느릴 때도 있다. 이런 유형의 사람은 시간 단위로 업무를 나누는 방법이 안 맞을 수 있다. 자신의 업무 습관에 따라 구간마다 어느 정도 휴식을 취할지 정해야 한다. 예를 들어 이제 막 사무실에 들어왔을 때는 집중이 잘 안되기 때문에 집중 구간을 조금 짧게 잡아도 된다. 대신 집중이 잘 되는 때는 구간을 길게 잡아서 확실히 업무에 몰입해야 한다.

어느 정도 압박이 있어야 효율적으로 일하는 사람이라면 급한 일과 그렇지 않은 일을 구분해서 세세하게 데드라인을 정해야 한다. 여행 계획을 세울 때 며칠 내로 교통수단과 숙소를 먼저 해결하고, 여행 날짜가 다가오면 또 며칠 내로 세부 일정을 짜도록 스스로 업무를 부여하는 것이다. 결국 **속도가 빠른지 느린지가 중요한 게 아니라 나에게 맞는 속도를 선택했는지가 핵심이다.**

그리고 가능하다면 모든 일을 마지막 순간까지 미뤘다가 하는 방법은 피하기를 권한다. 이는 심리학 연구 결과에 기반한 조언으로, 분산학습 distributed learning이 집중학습보다 성과가 좋다는 수많은 연구 결과가 있다. '맥락적 단서contextual cues(사람이 대화할 때 표정이나 몸짓을 보는 것처럼 문제 해결 과정에서 이루어지는 다양한 유형의 추론 - 옮긴이 주)'를 더 많이 만들어서 기억을 떠올리는 데 도움을 주기 때문이다. 또한, 돌발 상황이 생겼을 때 시간이 부족해서 일을 마무리할 수 없는 상황을 피할 수 있다.

좀 느려도 괜찮아

어떤 사람들은 업무 속도가 너무 느려서 생기는 일상의 어려움 때문에 고민한다. 확실히 성과를 구체적인 수치로 계량할 수 있는 상황에서는 동일한 시간에 완성한 물품 개수가 적으면 실적이 나쁘다는 인상을 줄 수밖에 없다. 완성한 물건의 품질이 좋아도 아무 쓸모가 없게 된다.

뭐든지 빠른 것만 추구하는 시대에는 품질이 아니라 효율을 중시하는 경우가 많다. 그런데 내 실적이 형편없는 수준이 아니라면, 남보다 실적이 나쁜 것에 크게 신경 쓸 필요는 없다. 물론 실적으로 평가하는 상여금 제도처럼 손해를 볼 수밖에 없는 경우는 그로 인해 발생하는 결과를 감당해야 하지만 말이다. 예를 들어 차를 빨리 모는 것을 좋아하는 사람이 있다고 해보자. 그가 남들보다 일찍 목적지에 도착한다고 해도 그게 뭐 대수인가? 오히려 일찍 도착해서 늦게 오는 사람들을 기다려야 할 때가 더 많다. 게다가 빨리 차를 몬다고 반드시 목적지에 일찍 도착한다는 보장도 없다. 중간에 교통 정체로 도로에 꼼짝없이 갇힐 수도 있기 때문이다.

동작이 잽싸지 못한 것을 신경 쓰다 보면, 정작 느린 속도보다는 과도한 걱정으로 인한 스트레스 때문에 실수를 저지르고 전보다 더 비효율적으로 일을 처리하게 될 수 있다. 그러니 토끼처럼 빠르지는 못해도 최소한 게으름을 피우지 않고 꾸준히 앞으로 나아간다면 크게 고민할 필요 없다. tvN

드라마 〈미생〉을 보면 고졸 인턴인 주인공이 처음에는 아무것도 몰라서 답답한 방식으로 일을 처리하지만, 기죽지 않고 성실히 일을 해나가는 모습을 볼 수 있다. 그는 자신의 일 처리가 느리다는 것을 알고 매일 남보다 일찍 출근하고 늦게 퇴근하면서 부족한 부분을 메운다.

가장 중요한 건 성실함

남들이 볼 때 나는 빠릿빠릿한 사람이다. 가끔이지만 스스로 이를 자랑스럽게 여길 때가 있다. 그런데 이렇게 효율적이고 빠르게 무언가를 처리하는 동안, 일상에서 느낄 수 있는 아름다움을 놓치고 있었다는 사실을 깨달았다. 아내가 가끔 괜찮은 레스토랑을 추천하는데 그때마다 놀란 적이 한두 번이 아니다. 분명 그 레스토랑 근처를 여러 번 지나다녔는데, 나는 그런 레스토랑이 있는지 전혀 알아채지 못했다.

음식을 먹는 것도 이와 비슷하다. 음식을 통째로 꿀떡꿀떡 삼키는 사람은 음식 맛을 제대로 느끼기 어렵다. 우리가 미쉐린 스타를 받은 음식을 인정하는 이유는 그 이름이 주는 최면 효과도 있지만, 그보다는 음식을 천천히 오래 씹고 삼켜 그 맛을 음미해서일 가능성이 크다. 이런 음식은 대개 가격이 비싼데, 음식 맛을 느끼지 않고 빠르게 먹으면 아까운 생각이 들게 마련이다. 그래서 더 세세하게 맛을 음미하게 되고 덕분에 음식의 또 다른 풍미를 맛볼 수 있게 된다.

한번은 여름에 일본 여행을 하면서 나가하마長濱에서 유명한 '메뉴에 없는 요리'를 먹고 싶어 그 식당 근처로 숙소를 잡은 적이 있다. 숙소는 하루에 투숙객을 한 팀만 받는데 에어컨도 없고 딱히 좋아 보이는 요소가 없는 곳이었다. 솔직히 말해, 나는 아이들이 불편하지 않을까 내심 불안했다. 그런데 놀랍게도 그 숙소는 우리 가족이 가장 좋아하는 곳이 됐다. 매력적이거나 눈길을 끄는 시설이 별로 없어서 오히려 그 속에 숨겨진 보석을 발견할 수 있었기 때문이다. 첫째 아이는 주인이 소장한 만화책에 푹 빠졌고, 둘째 아이는 주인이 기르는 강아지와 노느라 시간 가는 줄 몰랐다. 아내는 근처에 있는 화초와 나무를 마음에 들어 했고, 나는 넋을 놓게 만들 정도로 아름다운 정자의 경치와 분위기가 좋았다.

나가하마에서 머무는 동안 우리는 관광보다는 거의 숙소에만 틀어박혀 각자 원하는 일을 하며 시간을 보냈다. 평범하고 무미건조해 보일 수 있겠지만 우리 가족에게는 더할 나위 없이 소중한 경험이었다. 그래서인지 숙소를 떠나기도 전에 미리 다음 방문 일정을 예약했는데, 나로서는 생전 처음 있는 일이었다.

요즘 같은 인스턴트 시대에는 효율이 가장 중요하다고 착각하기 쉽다. 그런데 효율만을 따지자면 우리는 결코 인공지능의 적수가 되지 못한다. 만약 잘못해서 효율에만 무게중심을 둔다면 우리 스스로 인간으로서의 가치를 저버리는 것이다. **빠르든 느리든 열심히 착실하게 인생을 사는 것이 가장 중요하다.**

첫째, 죄책감을 느끼거나 남들에게 비난을 받을까 봐 걱정한다. 책임감 있는 사람은 일을 끝내지 못했을 때 죄책감을 느낀다. 또한 대다수 사람은 타인이 설정한 지표를 동력 삼아 앞으로 나아간다.

둘째, 자신의 능력을 잘 모른다. 경험 많은 고수는 보통 침착하고 여유가 있다. 그들의 일 처리가 꼭 효율적인 것은 아니지만, 자신이 어떤 일을 할 때 시간이 얼마나 필요한지는 분명히 안다. 처방전 → p.115

소소한 심리학 상식

효과 좋은 분산학습

우리는 같은 시간을 투자해 공부하면 학습 효과도 같을 거라고 대개 생각한다. 하지만 심리학 연구 결과는 그렇지 않다. 같은 시간을 들여 공부해도 몇 차례로 나눠서 공부하는 분산학습이 집중학습보다 학습 효과가 뛰어났다. 왜냐하면 우리는 공부할 때 내용만 학습하는 것이 아니라 '맥락적 단서'도 학습하기 때문이다. 맥락적 단서들은 나중에 기억을 소환하는 데 도움이 되며, 이를 복습하면 앞서 배운 것과 새로 배운 것을 연결할 수 있게 된다. 이런 연관성은 새로 배운 것을 기억하는 데 도움을 주는데, 잘못하면 역효과가 날 수 있다. 그러므로 학습 소재를 나누는 방법이 중요하다. 이와 달리 피아노나 스포츠처럼 기본적인 테크닉을 배울 때는 분산학습보다 집중학습이 효과가 더 크다.

Lesson 11

열심히 놀아야
전력을 다할 수 있다

내가 박사과정을 밟을 때 근처 대학교에서 조교수로 일하던 친구를 찾아간 적이 있다. 당시 무슨 대화를 하다가 그랬는지 모르겠지만 친구는 "과학자의 삶에 휴가는 없지. 쉬면서 어떻게 경쟁력이 있겠어"라고 말했다.

그때는 이 말에 딱히 놀라지 않았지만, 교수가 되고 보니 학술적으로 탁월한 성과를 거두려면 적잖은 대가를 지불해야 한다는 사실을 절감했다. 학술 발표를 예로 들면 연구, 논문 작성, 심사위원 의견에 대한 회신 등 모든 일에 많은 시간이 소요된다. 더구나 학술 발표는 강의, 대학의 사회적 책임, 학생 지도 등 교수의 여러 임무 중 하나일 뿐이다.

최근에 연구원들이 언제 학술 간행물에 논문을 기고하는지 통계를 낸 사람들이 있다. 그들은 5만 건에 달하는 자료를 분석해 논문 기고에 있어서 평일과 휴일에 따른 빈도 차이가 거의 없다는 사실을 알아냈다. 즉, 연구원들은 대체로 휴일이 없다시피 일하고 있다는 것이다. 이러한 상황은 아시아 지역에서 특히 더 심각한데 중국과 일본 연구원들은 한밤중에 논문을 기고하는 비율이 가장 높았다.

그런데 정말 밤낮없이 일해야만 좋은 성과를 낼 수 있는 걸까? 학술계를 떠나서 근무 시간만 보더라도 아시아 노동자들의 근무 시간이 유럽 노동자들보다 훨씬 길지만, 생산액이 그만큼 높지는 않다. 또한 휴가를 다녀온 직원의 작업 효율이 그렇지 않은 직원보다 더 좋다는 연구 결과도 많다.

휴식은 좋은 거야

휴식이 필요한 것이기는 하지만 오래 쉰다고 좋은 것만은 아니다. 연구에 따르면 피실험자가 특정한 시각적 자극을 찾는 임무를 수행하는 동안 중간에 잠깐 쉬는 시간을 주면 쉬지 않을 때보다 더욱 민감하게 반응하는 것으로 나타났다. 적절한 휴식이 특정한 시각적 자극을 찾는 데 도움을 준 것이다.

그렇다면 휴식을 취할 때 우리의 뇌는 무슨 일을 하고 있을까? 이는 휴식의 유형 그리고 휴식 전에 무슨 일을 하고 있었는지와 관련이 깊다. 먼저 하던 일을 잠깐 내려놓고 갖는 짧은 휴식에 관해 이야기해보자. 예를 들어 일과 중에 탕비실에서 커피를 마시거나, 학생들의 쉬는 시간 같은 것들이다. 우리가 휴식을 취하기 전에 인지 부하cognitive load(인간의 뇌가 처리할 수 있는 정보의 양보다 처리해야 하는 정보가 많을 때 생기는 부하 - 옮긴이 주)가 높은 업무를 수행한다면, 뇌는 기본적으로 전투 준비 태세에 돌입한다. 앞으로 닥칠 문제를 언제든 처리할 수 있게 준비하는 것이다. 반대로 휴식을 취하기 전에 인지 부하가 낮은 업무를 수행하면 뇌는 살짝 느슨해져서 과거의 기억들이 무심코 빈자리를 침투해 들어오기도 한다. 간단히 말해, 우리가 휴식을 취할 때 뇌는 완전히 가동을 멈추는 것이 아니라 점검과 재정비를 한다.

한편, 장기간의 휴가나 방학 같은 긴 휴식이 미치는 영향은 또 다른 양상으로 나타난다. 여름방학 동안 학생들의 상태 변화를 추적 관찰한 결과, 긴장이 풀리고 마음이 편안한 것은 장기간 휴식 때문이 아니라 개인의 기분에 달린 것으로 나타났다. 기분이 좋을 때는 휴가로 인해 어떤 기회를 놓쳤다고 생각하는 것이 아니라, 휴가를 통해 재충전하고 있다고 긍정적인 생각을 한다는 것이다. 이는 단순히 휴식을 취한다고 해서 전부 효과가 있는 것은 아니라는 점을 입증한다.

만약 우리가 휴식 삼아 낯선 곳으로 여행을 간다면 또 다른 소득을 얻을 수 있다. 뇌 가소성neuroplasticity 분야의 아버지로 불리는 마이클 머제니치 Michael Merzenich 교수는 낯선 장소에는 새로운 사물이 많아서 뇌가 과거에 썼던 방식으로 작동할 수 없게 되고, 그 결과 새로운 신경 네트워크가 빠르게 형성돼 재충전하는 효과를 가져다준다고 보았다.

휴식이 주는 장점은 많지만, 장시간 휴식을 취하기 위해서는 그에 상응하는 대가를 치러야 한다. 익숙했던 업무도 오랫동안 쉬면 낯설어져 작업 효율이 떨어질 수 있기 때문이다. 인간관계 측면에서도 자리를 너무 오래 비우게 되면 동료 관계에 영향을 줄 수밖에 없고, 내 근무 상태에도 간접적으로 영향을 미친다. 따라서 **휴식을 취하기 전에 먼저 어떻게 쉴 것인지, 어**

떻게 해야 휴식을 통해 최대의 효과를 거둘 수 있을지를 잘 생각해야 한다.

노는 것도 휴식이다

놀면서 쉬겠다고 마음먹었다면 먼저 논다는 것 그리고 어떻게 놀 것인지에 대해 생각해봐야 한다. 교육 과정 중에 공부법을 가르치는 커리큘럼은 많지만 어떻게 노는지를 알려주는 커리큘럼은 드물다. 여기서 말하는 **'노는 것'은 모바일 게임 같은 놀이를 말하는 것이 아니라, 흥미에서 비롯된 활동을 말한다.** 만약 우드블록 쌓기를 좋아한다면 우드블록을 통해 진지하게 다양하고 재미있는 작품을 만들어볼 수 있다. 이게 바로 '노는 것'의 진정한 의미다.

중학교 2학년이 될 때까지도 나는 어떻게 긴장을 풀어야 하는지 몰라서 항상 경직돼 있었다. 그러다 중학교 2학년 때 담임 선생님이 교무주임으로 자리를 옮기면서 대신 체육 선생님이 우리 반을 맡게 됐다. 처음에는 조금 걱정했다. 체육 선생님이 몸집은 작아도 호랑이처럼 무서워서 체육 시간이면 다들 벌벌 떨었던 기억이 있기 때문이다. 그런데 그가 담임 선생님이 되면서 우리는 그의 다른 면모를 발견할 수 있었다.

선생님도 우리와 많은 시간을 보내며 경직되어 있는 내 모습을 알아차렸던 것 같다. 그는 내가 하루 종일 책에만 파묻혀 있지 않도록 갖가지 방법을 동원했다. 아마 그때부터 나에게 다양한 취미가 생기지 않았을까 싶다. 나는 라디오 듣는 것을 좋아했는데, 내가 좋아하는 노래를 카세트테이프에 녹음해서 친한 친구들에게 선물하기도 했다. 그 당시 IT 서비스가 좀 더 발달했더라면 그때 이미 팟캐스트 채널을 운영했을지도 모른다.

내가 말하는 "놀면서 성과를 낸다"는 것은 노는 일로 밥벌이를 할 수 있는 정도를 의미한다. 반드시 그 일로 돈을 벌어야 한다는 것이 아니라 밥벌이할 만큼 나름대로 어느 수준까지는 도달해야(놀 줄 알아야) 한다는 말이다. 만약 베이킹을 좋아한다면 가게에서 파는 것 같다는 칭찬을 들을 정도로 빵을 만들어야 하고, 등산을 좋아한다면 다른 사람이 등산 코스를 짤 때 조언을 구하거나 가이드를 부탁하는 수준은 돼야 한다.

그래도 아직 잘 모르겠다 싶으면 놀 줄 아는 친구들 옆에 딱 붙어서 놀러 갈 때 데려가 달라고 해보자. 나에게 맞는 놀이법을 발견하는 기회가 될 것이다. 아무리 눈 씻고 찾아봐도 주변에 그런 친구가 없다면, 요즘은 온라인 커뮤니티도 많으니 '놀기'에 입문하게 해줄 동호회를 찾아보자. 내 경험상, 특정 활동에 열중하는 사람들은 대부분 많은 사람이 자신의 취미생활에 함께 참여하기를 원한다. 그러니 요즘 같은 시대에는 내가 마음만 먹으면 함께 놀아줄 사람을 그리 어렵지 않게 찾을 수 있을 것이다.

마음가짐의 변화가 필요하다

앞에서 휴식의 장점에 대해 이야기했다. 그러나 모든 '쉼'이 다 같은 효과를 내는 것은 아니며 오히려 역효과를 낼 때도 있다. 궁극적으로 휴식을 통해 긍정적인 효과를 거두고 싶다면, '마음가짐'의 변화가 필요하다.

자신의 능력이 부족하다고 느끼는 사람들은 부지런함으로 부족한 재능을 보완하려고 한다. 그래서 나태해질 엄두조차 내지 못한다. 노력을 멈추는 순간, 다른 사람과 격차가 벌어질까 염려한다. 이런 심리상태라면 스트레스가 클 수밖에 없고, 따라서 좋은 결과를 내기 어렵다. 게다가 오랫동안 쉬지 않으면 상황은 더 나빠져 효율은 떨어지고 실수할 확률은 올라간다. 몇 년 전 타이완군軍의 슝펑-3雄風-3 미사일 오발 사건은 군사훈련 과정에서 휴식 부족으로 생긴 사고로 의심된다.

심리적으로 건강한 사람이라면 10분만 쉬어도 생각보다 훨씬 긍정적인 효과를 얻을 수 있다. 여기에서 핵심은 '작업 모드'를 해제하고 재빨리 '휴식 모드'로 들어가 재충전을 할 수 있는지다. 케임브리지대학교의 인지 및 뇌 연구 센터Cognition and Brain Unit는 하루에 두 번씩 '커피 브레이크'라는 휴식 시간을 가진다. 연구원들은 당장 처리해야 하는 급한 일이 없으면 다 같이 모여 커피를 마신다. 그냥 커피만 마시고 수다나 떠는 시간이 아니라 형식에 얽매이지 않고 자유롭게 학술적인 교류가 이뤄지고 부담 없이 연구에 관해 이야기하는 자리다.

영국에서는 이렇게 '쉬면서 일하는' 근무 형태가 유행이다. 우리 학과 교수들도 아침에 모여서 함께 커피를 마신다. 그런데 내가 볼 때 교수들이 모인다고 해서 항상 연구와 관련한 대화를 나누는 것은 아닌 게 확실하다. 한번은 월드컵 이야기가 나왔는데 그 후 사무실에 내기 돈을 담은 박스 하나가 늘었기 때문이다.

교수들로 이뤄진 연구팀을 따라 휴가를 간 적이 있었다. 사실 말이 휴가지 비공식적인 학술 교류 활동에 가까웠다. 첫째 날 저녁에는 한 사람씩 돌아가면서 5분 정도 자신의 연구 분야를 소개했다. 서로에 대해 알아가면서 저마다 목표를 설정한 뒤 다음 날 조깅 시간에 누구와 이야기를 나눠야 할지 알려주려는 취지였다. 이튿날 조깅을 하면서 교수들은 각자 궁금한 상대를 찾아가 연구에 관해 이야기를 나눴다. 저녁 무렵이 돼서야 공식적으로 연구 의제를 논의하는 시간을 가졌고 맥주 파티가 이어졌다. 나도 그런 자리를 빌려 훌륭한 교수들과 인연을 맺을 수 있었고, 그때 맺은 인연을 계기로 자문 일을 소개받기도 했다.

우리는 스스로를 위해 휴식이라는 '이벤트'를 마련하는 연습을 해야 한다. 너무 긴 시간을 들이거나 복잡할 필요는 없다. 몸과 마음의 긴장을 제대로 내려놓을 수 있으면 충분하다. 여러 차례 연습하면 뇌도 학습하므로 이후 휴식 상태에 들어가면 금세 재충전 모드로 진입할 수 있다.

Q11 왜 마음 편히 놀지 못하는 걸까?

첫째, 마음 놓고 놀 엄두가 안 난다. 문화 정서상 우리는 점잖지 못한 일을 지지하거나 응원하지 않는다. 그래서인지 '노는 일'에 부정적인 꼬리표를 달기 쉽다. 하지만 놀이나 휴식을 나쁘게만 볼 필요는 없다. 중요한 것은 어떤 방법으로 놀고 쉬는지다.

둘째, 노는 데 감흥이 없다. 진짜로 노는 데 감흥이 없는 사람은 극히 소수이고 대다수는 그렇지 않다고 확신한다. 진짜로 노는 것이 무엇인지 모를 뿐이다.

처방전 → p.115

소소한 심리학 상식

휴가의 장점

휴가의 장점은 많지만, 장점을 제대로 누리려면 기술이 필요하다. 호주 퀸즐랜드대학교의 얀 패커Jan Pecker 연구원은 단기 휴가와 장기 휴가가 사람의 주관적인 느낌, 인지 능력, 생리적 변화에 어떤 영향을 미치는지 비교했다. 연구 결과, 휴가가 단기든 장기든 주관적인 느낌과 인지 능력 두 지표에는 긍정적으로 작용했지만, 생리적 변화에는 뚜렷한 영향을 미치지 않았다. 얀 패커는 별도의 연구를 통해 휴가의 성격과 당사자가 일에서 휴가로 관심을 옮겨올 수 있는지가 휴가의 효과에 영향을 준다는 것을 알아냈다. 휴가에 집중할 수 없다면 휴가가 주는 장점도 생기지 않는다. 따라서 휴가로 업무 효율을 개선할 계획이라면 열심히 휴가를 즐겨야 한다는 점을 명심하자. 예를 들어, 휴가 중에는 업무상 받는 메일, 인스턴트 메시지는 아예 쳐다보지도 말아야 한다. 쿠킹 클래스나 액티비티 등을 일정에 포함하면 휴가에 온전히 집중할 수 있어서 더욱 긍정적인 효과를 발휘한다고 하니 참고해보자.

Lesson 12

유연하게 행동하여 집중력 높이기

어떤 사람이 집중력이 좋은 사람이냐고 묻는다면 대다수 사람들은 '오랫동안 한 가지 일에 몰두할 수 있는 사람'이라고 대답할 것이다. 그런데 이는 절반만 맞는 말이다. 진짜 집중력이 좋은 사람은 집중해야 할 때 제대로 집중하고 맡은 일을 끝내면 재빨리 그 일에서 벗어나는 사람이다.

스위치를 끄고 켜듯 집중하고 안 하고를 결정하는 것은 사실 간단한 일이 아니다. 이게 가능하려면 몇 가지 프로세스가 필요하다. 첫째, 간섭을 배제할 수 있어야 한다. 이때 간섭은 내부적인 간섭이든 외부적인 자극이든 상관없는데, 심리학 용어로는 이를 억제inhibit라고 한다. 둘째, 서로 다른 업무 사이에서 상태를 자유자재로 바꿀 수 있어야 한다. 심리학에서는 전환switch이라는 용어로 이 능력을 정의한다. 마지막으로 현재 자신의 목표를 꾸준히 갱신할 수 있어야 한다. 이 능력은 작업 기억working memory과 밀접한 관계가 있다. 이 세 가지 능력이 실행 기능executive functions(최선의 문제 해결을 위해서 어떤 전략을 언제, 어디서, 어떻게 적용할지 알고 적용하는 기능)의 세 가지 요소다.

여기 간단한 실험이 있다. 간섭 과제flanker task(수반 자극 과제)를 주고 실행 기능이 좋은지 나쁜지를 측정하는 것이다. 이 작업의 가장 대표적인 예는 다음과 같다. 모니터 중앙에 화살표 5개가 등장한다. 가운데 화살표는 옆에 있는 화살표와 같은 방향 또는 다른 방향을 가리킬 수 있다. 옆 화살표와 가운데 화살표가 같은 방향을 가리키는지 상관없이, 피실험자들은 가운데 화살표가 왼쪽과 오른쪽 중 어느 방향을 가리키는지만 판단하면 된다. 실행 기능이 잘 작동하는 사람이라면 가운데 화살표가 양옆 화살표와 방향이 같든 다르든 판단하는 데 걸리는 시간 차가 크지 않지만, 실행 기능이 떨어지는 사람은 양옆 화살표와 가운데 화살표가 가리키는 방향이 다를 때 판단

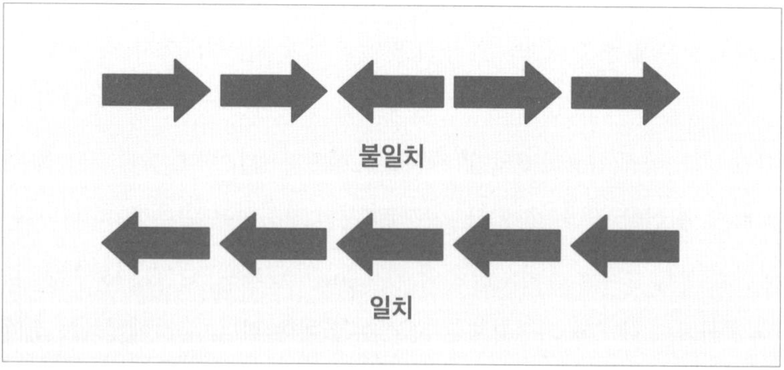

간섭 과제. 피실험자들은 한 번에 화살표 5개를 보고 중간 화살표 방향만 판단하면 된다.

하기까지 꽤 오랜 시간이 걸린다.

간섭 과제를 안 해본 사람은 어떻게 이런 간단한 작업으로 한 사람의 실행 기능이 좋고 나쁜지를 알 수 있느냐며 의문을 제기할지 모른다. 이와 관련해 뇌 활동을 연구한 결과, 우측 전두엽 활동이 활발한 사람일수록 실행 기능이 좋고 간섭 과제를 수행할 때도 옆에 있는 화살표의 영향을 덜 받는 것으로 나타났다.

집중력을 높이고 싶다면 전환 손실을 줄여라

자유자재로 집중력을 발휘하려면 전환으로 인한 손실을 줄이는 것이 핵심이다. 이를 위해서는 모국어와 영어 키보드 자판을 바꿔가며 타자를 치는 것처럼, 뇌를 전환에 익숙하게 만들어야 한다. 원래는 마이크로소프트의 윈도우를 쓰다가 애플 iOS로 운영체제를 바꿀 경우, 두 운영체제의 언어 전환키가 달라 초반에는 키보드로 언어를 바꿀 때마다 꽤 불편을 겪을 것이다. 그래도 이것은 어느 정도 연습하면 금세 새로운 방식에 익숙해진다.

그런데 집중력을 위한 전환은 키보드 언어 자판을 바꾸는 것보다 훨씬 복잡하다. 키보드는 전환키 사용법을 배우면 끝나는 일이지만, 서로 다른 업무 사이에 전환이 이루어지려면 뇌의 작동 방식이 바뀌어야 한다. 이는 집중과 휴식 사이의 전환일 수도 있고 브리핑과 이메일 회신 사이의 전환일 수도 있다.

전환하려는 두 업무의 차이가 크면 클수록 전환에 따른 손실도 커지므로, 전환을 연습하려면 먼저 비슷한 업무를 서로 전환하는 것부터 시작해

야 한다. 예를 들어 문안 작성과 이메일 회신처럼 비슷한 두 업무를 왔다 갔다 하며 바꿔보는 것이다. 이쯤에서 내가 즐겨 쓰는 방법을 공유해보겠다. 나는 일할 때 음악이 필요한 사람이다. 앞서 음악을 들으면 작업 효율에 부정적이라고 언급했지만, 음악을 잘만 활용하면 작업 효율을 향상시킬 수 있다. 나는 일하면서 음악을 듣는 것으로 업무 전환 능력을 훈련한다. 맨 처음 음악을 들으며 일할 때는 확실히 부정적인 영향이 컸다. 그런데 이제는 경험이 쌓여서 귀로는 음악을 듣지만, 음악을 듣는다는 의식이 들지 않을 때가 있다. 일부러 뇌를 업무 모드에서 음악 감상 모드로 전환해야만 음악이 제대로 들린다.

이 방법이 효과적일 수 있는 핵심적인 이유는 음악 감상이 주된 업무가 아니라는 것을 내가 분명하게 알고 있어서다. 그래서 본의 아니게 음악에 집중하게 되더라도, 다시 재빨리 주요 업무로 집중력을 돌릴 수 있다. 가끔 좋아하는 노래가 나오면 음악에 좀 더 시간을 투자하기도 하지만 말이다. 음악의 영향을 많이 받을까 봐 걱정된다면, 자신의 감정에 크게 영향을 미치지 않는 음악을 선택하면 된다. 이때 가장 좋은 것이 가사가 없는 음악이다. 음악이 귓가에 들리는 것에 어느 정도 익숙해지면 서서히 좋아하는 음악을 들으면서 일할 수 있게 된다.

코로나19가 심각했을 때 많은 사람이 재택근무를 했는데, 당시 사무실에서 나는 소리를 모아 구성한 플레이리스트가 등장하기도 했다. 소리를 통해 마치 사무실에 있는 듯한 기분을 느끼기 위해서다. 이런 플레이리스트가 생긴 이유는 일정한 환경에서 나는 소리가 사람에게 큰 영향을 미치기 때문이다. 이는 작업 효율에도 긍정적인 영향을 미친다. 그렇다고 해서 음악을 들으며 업무 간 전환을 연습해야 하는 것은 아니다. 이런 테크닉을 능숙하게 구사하기 전까지는 아무 효과도 보지 못할 수 있으니 처음부터 차이가 큰 업무를 서로 전환하는 일은 하지 않는 게 좋다.

집중력 단계를 세분화하라

자유자재로 집중력을 발휘하게 하는 또 다른 훈련법은 집중력 단계를 세분화하는 것이다. **우리는 상황에 따라 집중도를 조절하는 능력을 길러야 한다.** 집중은 자원을 많이 소모하므로 나의 집중력 단계가 집중과 비집중 두 가지뿐이라면 불리할 수밖에 없다. 우선 해야 하는 일 중에서 초집중하지 않아도 처리할 수 있는 것들이 있는지 자세히 살펴보자. 예를 들어, 기계적으로 하는 행동들은 집중해서 할 필요가 전혀 없다. 그런 행동을 집중해서 하는 것은 게임에서 시시한 캐릭터와 싸우는 데 엄청난 스킬을 사용하는 것처럼 불필요한 일이다.

그렇다면 어떻게 해야 집중력을 다양하게 구사할 수 있을까? 우선 나는 주된 업무에 부차적인 업무를 곁들인다. 그리고 일정 시간 안에 두 업무를 다 끝낼 수 있는지 판단한다. 대체로 부차적인 업무는 옆 사람이 말을 걸어도 이따금 리액션을 할 수 있을 정도로 집중력을 크게 요하지 않는 일이다.

한 번에 두 가지 업무를 수행하는 상태가 되면 집중력이 집중과 비집중 두 종류에서 세 종류로 늘어난다. 부차적인 업무가 우리에게 또 다른 집중력을 요구하면서 집중력 단계가 세분화되는 것이다. 이렇게 다양한 집중

상태에 익숙해지면 집중력을 발휘하게 도와주는 부차적인 업무가 필요하지 않게 될 것이다.

단, 집중력 단계는 여러 요소의 영향을 받는다는 점을 기억해야 한다. 우리가 하는 일은 물론이고 건강이나 심리 상태, 주변 상황 등도 집중력 단계에 영향을 미친다. 아직도 집중력을 운용하는 법을 잘 모르겠다면, 일단 100% 집중한 상태에서 일을 해보자. 이 경우에도 충분한 휴식은 취해야 한다. 그래야 너무 일찍 지쳐버려서 좋은 효과를 거두지 못하는 상황을 피할 수 있다.

결승점에 도달하는 비법

나는 마라톤을 두 번 뛰어봤는데, 그 과정에서 깊은 깨달음을 얻었다. 쓰러지지만 않으면 대체로 시간 안에 결승점에 도달할 수 있다는 것이다. 두 번째 마라톤을 뛰었을 때는 처음 10km까지는 상당히 순조로웠고, 처음 뛰었을 때보다 속도도 빨랐다. 그런데 마지막 5km는 어딘가 힘에 부치고 발에 쥐까지 났다. 그래서 뛰는 대신 걷다가 어느 정도 다시 가볍게 뛰어봤지만, 이미 몸이 너무 지쳤는지 조금만 뛰어도 종아리에 금방이라도 쥐가 날 것 같은 기분이 들어 즉시 멈췄다. 때문에 기록은 영 시원치 않았지만, 그래도 포기하지 않았더니 결승점에는 도달했다.

나는 집중력은 곧 '체력'이고, 임무를 완수하는 것은 '마라톤 완주'에 해당한다고 생각한다. 모든 걸음은 흔적을 남기게 마련이지만, 결승선을 통과하지 않은 주자는 시합에서 완주 목걸이를 받지 못한다. 처음에는 열심히 브리핑을 작성해도 끝에 가서 용두사미가 되면 헛수고인 것과 마찬가지다.

어떤 일에 온전히 집중해야 한다고 집착할 필요는 없다. 사람마다 집중할 수 있는 정도가 제각각이기 때문이다. 남보다 집중력이 떨어진다고 자책감을 느끼거나 심한 경우 자기부정을 하는 사람들이 있는데, 그보다는 자신의 집중력을 이해하고 얼마의 시간을 들여야 임무를 완수할 수 있는지 나만의 기준을 세워야 한다. 부담이 없는 상황에서 일하면 누구라도 좀 더 자기 실력을 발휘할 수 있고 결과적으로 괜찮은 효과를 거둘 수 있다.

Q12 왜 집중력을 제어할 수 없다고 생각할까?

첫째, 쉽게 한눈판다고 생각한다. 쉽게 산만해지는 사람도 딱히 한눈팔지 않거나 집중력이 살짝만 흐트러지는 경우도 많다. 집중력은 외부 요소의 영향을 받지만, 전부 그런 것은 아니다.

둘째, 집중력을 제어할 능력이 없다고 생각한다. 자기 통제력이 부족한 사람도 외부 요소가 나에게 미치는 영향력 정도는 통제할 수 있다. 인간은 누구나 집중력을 제어할 능력을 갖추고 있다.

처방전 → p.115

소소한 심리학 상식

전환의 대가

업무를 계속 바꿔가며 일하기를 좋아하는 사람들이 있다. 그렇게 해서 나쁜 것은 없다고 생각하기 때문이다. 그런데 여러 심리학 연구에서 측정해본 결과, 다른 업무로 전환하는 과정에서 모두 손실이 발생했다. 그 손실이 0.1초 또는 0.2초에 불과할 때는 별거 아니라는 생각이 들지만, 뇌가 정보를 전달하는 속도는 매우 빨라서 소수점 이내의 반응 속도 차이라도 우리 행동에 상당한 영향을 미친다. 서로 경쟁 관계인 두 업무를 전환한다면 그 전환의 대가는 더 커진다. 예를 들어 가끔은 영어로 말하고 가끔은 중국어로 말해야 하는 상황이 있다고 해보자. 전환의 대가는 차치하더라도 영어로 말할 때는 중국어로 말하고 싶은 생각을 억눌러야 한다. 반대의 경우도 마찬가지다. 따라서 필요한 경우가 아니라면 짧은 시간 안에 업무를 전환하는 것은 되도록 삼가야 한다. 이와 별개로 이미 피곤해진 상태라면 휴식을 취하거나 다른 일로 바꾸는 것이 좋다.

심리학 처방전

Q9. 왜 집중을 못할까?

처방전1 어떻게든 내가 신경 쓰고 관심 가는 목표로 바꿔야 한다. 상사가 시킨 업무를 기꺼이 완수할 마음이 없다면 "이 업무를 끝내고 맛있는 한 끼를 먹으러 가겠다"와 같이 내 마음을 움직이는 동기를 찾는 것이다. 업무를 해야 하는 것은 변함없지만 목표가 달라졌기 때문에 전보다 더 집중할 수 있다.

처방전2 외부 요소에 쉽게 영향을 받는 사람들이 있다. 그런 사람이라면 외부 방해 요소를 최대한 배제할 수 있게 근무 환경을 신중하게 선택해야 한다.

Q10. 왜 시간 내에 일을 끝내지 못할까 봐 걱정할까?

처방전1 진도를 못 따라잡았을 경우 닥칠 결과를 예상해보자. 감당할 수 있는 것이면 심각하게 걱정할 필요가 없다. 편안한 마음으로 일하면 더 좋은 효과를 거둘 수 있다.

처방전2 여러 번 시도해보고 자신의 성과를 객관적으로 기록해보자. 그러면 내가 어떤 일을 잘하고 못하는지 알 수 있다.

Q11. 왜 마음 편히 놀지 못하는 걸까?

처방전1 긍정적인 놀이를 경험해보고, 노는 것이 나에게 이롭다는 것을 깨닫고, 노는 것을 일정에 포함하는 연습을 해보자. 놀아서 죄의식을 느끼는 일을 줄일 수 있다.

처방전2 다방면으로 여러 삶의 방식을 체험하면 나를 사로잡는 무언가를 찾을 수 있다.

Q12. 왜 집중력을 제어할 수 없다고 생각할까?

처방전1 한 번에 두 가지 일을 동시에 했을 때와 그렇지 않았을 때 작업 효율이 어떻게 차이가 나는지 의식적으로 비교해보자. 그러면 집중력이 작업 효율에 영향을 미친다는 것을 알 수 있다.

처방전2 외부적 요소를 통제하는 데서 방법을 찾아보자. 다양한 외부적 요소가 있는 상태에서 자신의 집중력이 어떻게 변하는지 느껴보고 그것을 바탕으로 집중할 수 있는 상황을 알아내자.

계획

우리는 뭔가를 계획할 때
어떻게 성공할지에 대해서만 생각하고,
뜻하지 않은 사고가 발생했을 때
어떻게 해야 하는지 예상하고 대비하는 일은
소홀히 한다. 자신의 일에 대해 더 많은 것을 파악하고
계획을 세운다면 이러한 불확실성을 줄일 수 있다.

Lesson 13

오래 생각하고, 경솔하지 말 것

1940년대, 네덜란드의 심리학자 에이드리언 데 그루트Adrian de Groot는 체스를 무척 좋아했지만, 천부적인 재능의 체스 기사를 이길 수는 없다는 사실을 깨달았다. 속상한 마음에 그는 체스 기사들을 연구하기 시작했고, 한 연구에서 경험이 많은 기사들이 꽤 오랜 시간을 들여 다음 수를 계획하고 계산한다는 것을 알게 됐다. 물론 기사들이 승리한 이유는 계획을 세웠기 때문만은 아니다. 체스의 형세를 잘 읽고 좋은 플레이를 보여줬기에 이길 수 있었을 것이다.

여기에 대해 나는 느끼는 바가 크다. 우리 집에도 어린 기사 두 명이 있기 때문이다. 체스를 둔 지 1년 반이 된 첫째 아이는 내가 도저히 이길 수 없는 실력이다. 그래서인지 별로 나와는 체스를 두고 싶어 하지 않는다. 둘째 아이는 체스를 배운 지 반년밖에 안 됐는데 뚜렷한 변화가 느껴졌다. 처음에는 앞뒤 재지도 않고 막 두었으나 지금은 매 수를 신중하게 둔다. 예전에는 둘째와 체스를 두면 아무렇게나 두어도 내가 이겼지만, 지금은 진지하게 대국에 임해도 지는 경우가 많다. 정말 눈에 띄게 달라진 모습이다.

사전 계획 없이 행동하는 것은 경솔한 이들이 흔히 저지르는 전형적인 잘못이다. 제 딴에는 계획할 시간을 아꼈다고 생각하겠지만, 예상치 못한 실수를 만회하느라 더 많은 시간을 낭비하게 될 가능성이 크다. 몇 년 전 가족들과 일본 오사카로 여행을 갔을 때의 일이다. 우리는 처음으로 숙박 공유 서비스인 에어비앤비 숙소에 묵기로 했다. 나는 주소가 있으니 내비게이션만 따라가면 바로 찾을 수 있다고 자신했다. 그런데 내가 한 가지 간과한 것이 있었다. 내비게이션에 영어와 일본어를 입력했을 때 나온 결과가 조금 달랐던 것이다. 우리는 같은 자리를 뱅뱅 돌다가 어쩔 수 없이 주변에 도움을 요청했고, 그제야 일본의 주소 체계가 지도상 위치와 어떻게 대응되는지 알게 됐다.

그 후로 나는 이동하기 전에 동선을 파악하는 데 시간을 할애하고 주소상의 숫자열을 좀 더 주의 깊게 살펴본다. 숫자열이 있어야 지도에서 위치를 찾기가 수월하다. 이후 내비게이션 때문에 고생을 전혀 안 했다고는 할 수 없지만, 실수할 때마다 다음번 계획에서는 그 부분을 놓치지 않기 위해 더욱 신경을 쓰게 됐다. 한번은 후쿠오카역 근처에 있는 맥도날드에 가고 싶어서 내비게이션을 보는데 계속 목적지에 도착했다고만 나왔다. 주위를 둘러봤지만 맥도날드는 보이지 않았고, 주변으로 계속 차를 모니 내비게이션상에서 목적지를 벗어났다고 나왔다. 그렇게 10분쯤 지났을까, 문득 위를 올려다보니 2층에 맥도날드가 떡 하니 보였다. 그 후로는 찾는 장소가 안 보이더라도 내비게이션이 잘못됐다고 탓하는 대신 주소를 다시 한번 확인한다.

시뮬레이션으로 불필요한 결함 줄이기

어느 정도 시간이 소요되기는 해도 사전에 계획하고 준비하면 말도 안 되는 실수들을 줄일 수 있다. 언젠가 대규모 학술 세미나에 참석한 적이 있다. 당일에 접수처에 갔는데 어디에서 접수해야 하는지 알 수 없을 정도로 사람들이 많았다. 사람들을 헤집고 앞쪽으로 가서야 접수 구역이 나뉘어 있었다는 것을 알았다. 안내판이 사람들 행렬에 가려서 안 보였던 것이다. 주최 측에서 사람들이 몰리는 상황을 예상했다면, 안내판을 접수처 테이블 위가 아니라 다른 곳에 두어야 하지 않았나 라는 생각이 들었다. 테이블에 두면 인파 속에 안내판이 가려 안 보일 수 있으니 말이다.

시뮬레이션이 너무 작위적이라는 생각이 들면 실제로 한번 시도해보는 게 좋다. 이때 가장 좋은 방법은 내가 절차를 전혀 모른다고 가정하는 것이다. 그래야 더 많은 문제를 발견할 수 있어 의미 있는 작업이 된다. 나는 연구생들에게 실험 자료를 수집하기 전에 무조건 실험부터 해보라고 한다. 다른 연구생을 찾아가 실험해보고 절차에 문제가 없는지 확인해보는 방법이 가장 이상적이다. 그래도 부족할 때는 결과를 분석하면서 절차에 문제가 없었는지 확인하게 한다. 예전에 실험 절차에 문제가 없다고 생각한 한 연구생이 자료 수집도 끝내고 분석을 앞둔 시점에 핵심 데이터를 전혀 기록하지 않았다는 것을 발견한 적이 있었기 때문이다.

또한 다양한 경우의 수를 생각하고 문제 상황이 발생하면 어떻게 처리할지 스스로 질문을 던져보자. 예를 들어, 동료에게 커피를 사다 주는 상황을 가정해보자. 먼저 상대방에게 "스타벅스에 사람이 많으면, 다른 커피숍 커피도 괜찮아요?" 혹은 "○○ 커피 브랜드가 없으면 어떤 걸 대신 사면 좋을까요?"라고 물으면 상대가 실망하는 상황을 피할 수 있다.

팬데믹 기간에는 불확실한 요소가 너무 많아서 여행이나 회식을 계획할 때 대안을 꼭 마련해야 했다. 당시 나는 아무 조건 없이 취소할 수 있는 숙소와 교통수단을 선택하는 편이었다. 강연 협상을 할 때도 현장 강연이 어려우면 온라인으로 진행하거나 날짜를 변경할 수 있는지 먼저 의견을 물었다.

마지막으로 강조하고 싶은 것은 **무언가를 계획할 때는 그 행동으로 인해 어떤 결과가 생길지 생각해봐야 한다. 안 그러면 계획을 해도 아무 의미가 없다.** 우리는 자신의 계획을 과신하는 경향이 있다. 불확실성이 존재한다는 걸 분명히 알면서도 그렇게 확률이 낮은 일은 일어나지 않는다며 낙관한다. 하지만 어떤 일에 불확실한 요소가 있다면 계획할 때 그 불확실성을 꼭 고려해야 한다. 예를 들어, 타이완 고속철HSR을 이용한다면 열차가 연착될 가능성을 염두에 둬야 한다. 연착으로 일정에 차질이 생기는 것을 피하려면 여유 시간을 두고 움직이거나 대체할 다른 교통수단을 미리 알아보는 게 좋다.

뇌를 전체 일정에 익숙하게 만들기

'사전 계획 세우기'에 여전히 수긍하지 않은 사람들에게 해줄 말이 있다. 어떤 활동을 계획하고 시뮬레이션할 때 활성화되는 뇌의 부위와 실제로 그 활동을 할 때 활성화되는 뇌의 부위가 상당히 유사하다는 것이다. 우리는 피실험자에게 다른 사람들이 활동하는 영상을 보거나 자신이 그 활동을 하는 모습을 상상하라고 한 다음 뇌의 어느 부위가 활성화되는지 확인했다.

또 다른 연구에서는 음악가에게 자신이 연주하는 과정을 상상하게 했을 때 퍼포먼스가 더 좋아진 것으로 나타났다. 연구자들은 이런 결과가 뇌의 예측 메커니즘과 밀접한 관련이 있다는 것을 발견했다. 뇌 부위가 활성화된 음악가일수록 상상(시뮬레이션)이 연주에 더 큰 도움을 줬다. 간호사 트레이닝과 관련한 연구에서도 결과는 비슷했다. 의료 훈련 영상을 본 다음 예행연습 지도를 받으면, 추후 해당 의료 서비스를 수행할 때 속도는 빨라지고 실수는 더 적었다.

완전히 깨어 있지 않은 상태에서 뇌를 훈련해도 추후 일 처리에 도움이 된다. 연구자들은 피실험자들이 자각몽Lucid dream(내가 꿈꾸는 중이라는 걸 인지한 상태에서 꿈을 꾸는 것 - 옮긴이 주)을 꿀 때 동전 던지기 훈련을 시켰다. 결과적으로 이들은 자각몽 단계에서 훈련하지 않은 피실험자들보다 동전 던지기를 잘했다.

이 모든 연구 결과는 계획이나 예행연습 같은 방식이 뇌가 예측을 잘하도록 도움을 준다는 것을 보여준다. 이를 통해 실제로 그 일을 할 때 더 좋은 결과를 낼 수 있는 것이다.

생각을 많이 하든 적게 하든 일단 시도하라

"앉아서 말만 하는 것보다 일어나서 행동하는 것이 낫다"라는 말이 있다. 너무 깊이 생각하지 말고, 일단 행동에 옮기라는 뜻이다. 앞서 다룬 '계획하기'와 배치되는 개념처럼 보이지만, 이 둘은 대립 관계가 아니다. 여기서 말하는 계획의 대상은 이미 하려고 결정한 일이며, 할지 말지 고민할 일이 아니다. 반면, "깊이 생각하지 말고 행동하라"는 아직 하기로 결정하지 않은 일을 말한다.

어떤 일을 하는 데 여러 방법이 있다면 다양하게 시뮬레이션해보고 나에게 가장 잘 맞는 방법을 선택하기를 바란다. 한 가지 방법만 선택해서 시뮬레이션하더라도, 다른 방법들이 어떤 식으로든 결합해 결국 업그레이드된 버전을 선택할 수 있다는 것을 알게 될 것이다.

어떤 일을 하기로 결정했지만, 여전히 우물쭈물하는 사람들이 있다. 예를 들어 어떤 사람에게 호감이 있는데, 오랫동안 고백을 망설이다가 결국 상대가 다른 사람의 연인이 되는 것을 지켜볼 수밖에 없는 경우다. 만약 당신이 이런 사람이라면, **일단 시도하기를 진심으로 바란다. 시도하지 않으면 모든 것은 공상에 그칠 뿐이다.** 예상했던 것보다 일이 잘 안 풀릴 수도 있고, 심지어 예상한 것과 전혀 다를 수도 있다. 하지만 실제로 해보지 않으면 결과가 어떻게 될지 영원히 알 수 없다.

첫째, 환경이 너무 빠르게 변해서 계획해도 계획하지 않는 것과 다름없다고 생각한다. 코로나19를 겪으면서 계획해도 별반 소용없다는 생각이 든 것은 사실이다. 하지만 모든 걸음은 흔적을 남기는 법이다. 이번에 써먹지 못하더라도 미래에 유용하게 써먹을 기회가 생길 것이다.

둘째, 눈앞에 닥친 일을 해내느라 바빠서 계획할 시간이 없다고 여긴다. 많은 현대인이 겪는 문제다. 그러나 이는 항상 데드라인 직전에서야 서둘러 일을 끝내기 때문에 계획할 시간이 없다고 느끼는 것이다. 처방전 → p.147

소소한 심리학 상식

예측의 메커니즘

사람은 언제나 예측한다. 우리가 의식하지 않을 뿐이다. 본질적으로 예측은 미리 준비해서 예상한 일을 더 잘 처리하게 도와주므로 좋은 것이다. 그런데 서류를 읽을 때 직감적으로 다음에 어떤 문장이 나올 거라고 예상해서 자세히 읽지 않을 경우에는 오히려 오타나 틀린 내용을 발견하지 못할 가능성이 크다. 어떤 일이 예상과 다르게 돌아가는 경우에도 우리가 직접 행동을 취하지 않을 뿐이지 뇌는 이미 그것을 알아차린다. 따라서 뭔가 이상한 느낌이 든다면, 하던 일을 멈추고 이상이 있는지 살펴야 한다.

Lesson 14

실수할 여지를 남겨라

나는 TV 예능 프로그램 〈마스터 셰프Master Chef〉 시리즈를 즐겨본다. 경연 과정에서 어떤 참가자는 요리를 다인분으로 넉넉히 준비하거나 몇 가지 재료를 더 많이 챙겨둔다. 시간 부족으로 심사위원에게 요리를 못 내는 상황이 생길까 봐 일분일초도 허투루 쓰지 않는 참가자도 있다. 프로그램을 오래 시청하다 보니 미리 준비하고 요리하는 참가자들이 최종 단계까지 살아남는다는 것을 알게 됐다. 한번은 참가자들에게 대가들의 레시피를 따라 요리해야 하는 미션이 주어졌는데, 익숙하지 않은 요리를 처음 만들고 자세한 설명도 없이 의지할 것이라고는 생소한 레시피뿐이라 여러 참가자들이 이런저런 실수를 했다. 그런데 처음부터 재료를 충분히 준비한 참가자들은 실수해도 중간에 다시 재료를 가지러 갈 필요가 없어 여분의 재료로 여유롭게 요리를 이어갔지만, 그렇지 못한 참가자들은 다시 재료를 가지러 가는 등 시간에 쫓기는 모습을 보였다.

나는 일할 때 여유 시간을 남겨두는 편이다. 예를 들어 데드라인을 실제 데드라인보다 며칠 앞당겨 나만의 데드라인을 만든다. 그렇게 해두면 어떤 돌발 상황이 생겨도 조정할 시간이 있다. 다른 사람과 협업할 때도 나에게 배분된 것보다 더 많은 일을 해둔다. 파트너에게 문제가 생겼을 때 프로젝트 전체가 답보 상태에 빠지는 것을 방지하기 위해서다. 내가 이런 방법으로 일하게 된 것은 학생들의 공이 크다. 학생들이 던진 변화구를 자주 받다 보니 어느새 훈련돼 각종 변화구를 예측하고 대비하게 됐다.

일부러 실수하는 사람은 없다

실수한 사람을 찾아가 물었을 때 자신이 일부러 실수했다고 말하는 사람은 아무도 없을 것이다. 하지만 고의든 아니든 실수는 나와 타인에게 영향을 미친다. 우리는 사전에 준비해서 실수를 피하거나 부수적인 방안을 계획해 실수로 인한 영향력을 줄여야 한다.

예전에 온라인 생방송 강연을 준비하던 때의 일이다. 주최 측에서는 내게 컴퓨터로만 로그인하지 말고 모바일 로그인도 해야 한다고 강조했다. 컴퓨터 통신이 끊기는 등 돌발 상황에 강연이 중단되지 않게 하기 위함이다. 한번은 온라인 행사 때 내가 가장 쓰고 싶었던 마이크 세팅에 문제가 생겼었다. 다행히 예비로 생각해둔 것이 있어서 행사 시작 전에 절충안으로 잘 대처할 수 있었다. 나중에 생각해보니 좀 아쉽기는 했지만, 적어도 행사

진행에는 차질이 없었고, 사실 나 외에 마이크의 차이를 알아챈 사람은 거의 없었을 것이다.

내가 어떤 부분에서 자주 실수하는지 알고 있을 때는 몇 가지 방법을 써서 미리 실수를 방지하는 게 좋다. 예를 들어, 강의를 준비할 때 비슷한 개념이 혼동되면 포스트잇의 도움을 받아 실수할 가능성을 낮추는 식이다. 나한테 익숙한 모드를 갑자기 바꿔야 할 때는 무의식중에 실수하지 않도록 일부러 익숙한 동작들을 방해하는 방법을 사용한다. 이는 대중교통에서 볼 수 있는 비상 버튼과 비슷하다. 사람들이 비상 버튼을 잘못 누르는 것을 방지하기 위해 버튼은 대개 커버로 씌워져 있다. 커버를 열어야만 버튼을 누를 수 있게 한 것이다.

하지만 **아무리 세심하게 계획하더라도 예측하지 못한 상황들은 생기게 마련이다. 따라서 가장 좋은 방법은 사전에 시간과 자원을 어느 정도 남겨두는 것이다. 그래야 돌발 상황이 생겼을 때 임시방편이라도 생각해낼 여유가 생긴다.** 나는 요즘 온라인으로 송출하는 브리핑을 준비하면서 USB에도 강의 자료를 따로 저장한다. 혹시 인터넷 접속이 안 될 경우를 대비하기 위함이다. 한번은 강연장의 빔 프로젝터가 고장 난 적이 있다. 다행히 강의 자료를 클라우드에 올렸고 미리 단축 인터넷 주소를 생성해 둔 터라 청중에게 각자 스마트폰으로 자료를 봐달라고 부탁하며 강연을 마무리할 수 있었다. 이 경우도 사전 계획으로 문제를 해결한 사례라고 할 수 있다.

한편, 사전에 계획했다고 하더라도 '어느 정도 준비했으니 꼭 성공할 거야'라며 섣부른 판단을 내리는 것은 금물이다. 사전 준비는 문제가 생겼을 때 만회할 기회를 주고 완전히 실패하지 않게 막아주는 완충지대일 뿐이다. 결과적으로 실패했다는 생각이 들게 하는 객관적인 지표들이 있어도 준비된 실패라면 적어도 스스로에게 실망스럽다는 생각은 들지 않을 것이다. 준비하지 않았다면 지금보다 결과가 더 비참했을 테니 말이다.

잘못인 줄 알면서도 계속 잘못하는 것

앞에서 언급한 것처럼 계획을 세울 때는 대안을 마련하기를 바란다. 물론 대부분의 대안이 딱히 이상적이지 않거나 비용이 많이 드는 방법이라고 여겨 해보지도 않고 그냥 대안으로만 남는데, 가끔은 대안으로 예행연습을 하는 것도 괜찮은 방법이다. 대안을 시연해보다가 좋은 방법이라는 것을 알게 될 수도 있다.

예전에 온라인으로 수업을 진행하는 행사가 있었다. 원래 내가 바라던 방식은 청중과 실시간으로 준비한 화면을 공유하며 수업하는 것이었는데, 주최 측은 혹시 모를 상황에 대비해 다음과 같이 제안했다. 내가 보낸 강의 자료를 주최 측에서 시스템에 업로드한 뒤 청중이 시스템상에서 볼 수 있게 원격 제어 권한을 공유하면 내가 바라던 대로 자료를 활용할 수 있다는 것이다. 나는 이 '대안'으로 온라인 수업을 하면서 의외의 장점을 발견했다. 이 방식으로 영상을 재생하면 버퍼링도 없고 청중에게 영상 소리가 들리지 않을까 봐 걱정할 필요도 없었다.

내 경험상 대안을 미리 적용해보는 일에는 단점보다 장점이 더 많다. 첫째, 대안은 다른 관점에서 생각하게 하거나 사고를 자극해서 일을 처리하는 방식에서 깨달음이나 힌트를 준다. 둘째, 대안을 이용하면 기존 방식의 장단점을 명확하게 알 수 있다. 마지막으로 대안을 써서 얻을 수 있는 가장 중요한 장점은 실제로 그 대안이 실행 가능한지를 검토하는 데 도움이 된다는 것이다.

우리는 대부분 실행 가능해 보이는 대안을 계획하지만, 적당히 얼버무리려는 심리가 팽배해 실제로는 검증도 안 하고 대안을 사용할 일이 없기만을 바란다. 하지만 대안은 문제가 생겨도 상관없다. 원래 쓰려던 방법으로 충분히 일을 처리할 수 있으니 말이다. 그러므로 대안 사용의 장점은 키우고 단점은 보완해서 더 나은 방법을 계획해야 한다. 가끔 방식을 바꿔 일해 보는 것도 우리에게 꽤 도움이 된다.

누구나 실수할 수 있다

습관적으로 우리는 어떻게 해야 성공할 수 있을지만 고민한다. 그런데 **어떤 식으로 실수하거나 실패하게 될지 예상하는 일도 어떻게 성공할지 예상하는 일만큼 중요하다.** 내가 어떤 부분에서 실수할지 예상하면, 그에 대해 사전에 충분히 준비해서 실패를 막을 수 있다. 실패할 수 있다고 예상하면 진짜로 실패했을 때 적어도 어떻게 해야 할지 몰라 쩔쩔매는 일은 없게 된다.

뛰어난 능력을 갖추고 있는 사람들은 대부분 자신도 언젠가 '워털루(벨기에 중부의 지명으로 나폴레옹이 패전한 전투로 유명하다)'를 만나게 될 거라고 생각하지 않는다. 그러다 돌발 상황을 만나면 속수무책으로 당하게 된다. 자신이 실패할 것이라고는 생각해본 적도 없고 일이 예상과 다르게 돌아갔을 때 어떻게 조정해야 하는지도 고려해본 적이 없기 때문이다.

시카고대학교의 제임스 에번스James Evans 사회학 교수와 연구팀은 학계, 신생 기업, 테러 조직의 업무 수행 성공률에 대해 연구했다. 학계에서는 학자들의 연구 경비 신청 성공률을, 신생 기업에서는 융자 성공률, 테러 조직에서는 테러 활동 성공률을 분석했다. 차이가 커 보이는 이 세 집단 사이에서 공통점이 발견됐다. 업무의 성공 여부는 개인의 노력과 직접적인 관계가 없고, 실패를 어떻게 마주하는지와 가장 관련이 깊다는 것이다. 실패를 통해 변화하고 또 그 변화가 유의미한 변화라면 성공할 확률이 높아진다. 에번스 교수는 한 걸음 더 나아가 '실패가 성공의 필수 요소'라고 보았다.

지금까지 하는 모든 일이 거의 순조롭고 겉보기에 만족스럽다고 느꼈다면, 사실은 도처에 위기가 도사리는 상태일지 모른다. 그동안 순조로웠던 것은 해온 방법이 효과적이었다기보다는 우연이 연속된 결과일 수 있다. 그러므로 **실수하고 실패하는 것을 두려워하지 말자. 만회할 기회를 위해 시간과 자원을 비축하는 과정이라고 생각하자.** 실패의 부담을 견뎌낼 수 있으면 실패 또한 경험해보는 것도 좋다. 실패를 통해 의외의 깨달음을 얻을 수 있을 것이다.

첫째, 그 정도로 주도면밀하게 고려하지 못한다. 준비할 시간과 자원이 충분하지 않을 때는 다양한 상황을 전반적으로 고려하기가 어렵다. 우리는 대체로 목표를 달성하려면 무엇을 해야 하는지 정도만 궁리할 뿐이다.

둘째, 실수할 리가 없다고 생각한다. 좋은 쪽으로만 생각하고 위기의식이 없는 이런 심리는 의사결정에서 나타나는 심각한 오류로, 바꾸기 어렵다. 같은 일을 여러 번 해봤다고 해서 다음번에도 같은 방법으로 성공한다는 보장은 없다. 외부 환경은 계속 변화하고 나의 상태도 한자리에 계속 머무르지 않기 때문에 이런 모든 요소들이 성공 여부에 영향을 준다.

처방전 → p.147

소소한 심리학 상식

실패와 자존심

미국 시카고대학교의 아옐릿 피시배크Ayelet Fishbach 교수와 연구진은 일련의 실험을 진행했다. 피실험자들에게 문제를 여러 개 주고 양자택일을 하게 한 뒤 답이 맞았는지 틀렸는지 알려줬다. 그러고 나서 피실험자들에게 틀린 문제를 다시 물었는데, 그들은 여전히 틀린 답을 골랐다. 즉, 그들은 실패에서 배우지 못했고, 실패가 그들에게 도움이 되지 않았던 것이다. 다음으로 피실험자들에게 질문에 직접 답하게 하지 않고, 다른 사람이 답하는 것을 보고 그 사람의 답이 맞는지 틀렸는지를 답하게 한 경우는 달랐다. 이는 내가 맞고 틀리는, 나의 자존심을 건드리지 않는 부분이기에 그들은 더 편하게 실험에 참가했고, 같은 문제를 냈을 때 정답을 말한 확률도 높았다. 이 실험 결과를 기반으로 연구원들은 실패가 자존심에 영향을 줘 자존심이 강한 사람은 실패로부터 배우지 못한다는 결론을 내렸다. 따라서 실패를 통해 배우려면 자존심을 내려놓아야 한다. 그렇지 않으면 실패를 통해 얻을 수 있는 건 없다. 그것이야말로 가장 큰 실패다.

Lesson 15

가장 적은 자원으로 가장 많은 일하기

아마 주택 융자금 대출이 없는 직장인이라면 (감히 예측하건대) 가계부를 작성하지 않을 것이다. 어차피 쓸 돈이 충분하니까 말이다. 하지만 주택 융자금의 압박에 시달리고 있다면 씀씀이를 관리해야 한다. 까딱 잘못하면 융자금 상환을 못할 수도 있다. 우리는 대개 자원이 풍족하면 계획하지 않는 경향이 있고, 반대로 자원이 부족하면 푼돈까지 깐깐하게 계산할 확률이 높다. 즉, 더 열심히 계획을 세우게 된다.

내가 영국에서 유학할 때를 떠올려보면 나는 확실히 처음에는 가계부를 열심히 적었다. 현지 물가가 비싸서 그런지 돈을 헤프게 쓰고 있다는 생각이 들었기 때문이다. 그런데 나중에는 장학금도 받고 학과 사무실에서 아르바이트로 돈을 벌다 보니 물건을 살 때 씀씀이가 점점 커지기 시작했다.

어느 곳에 주로 돈을 많이 쓰는지 파악해서 소비를 조정하는 일에도 소홀해졌다.

사실 가진 자원이 많든 적든 적절하게 계획할 수 있으면 자원을 최대한 효과적으로 활용할 수 있다. 돈 쓰는 것뿐만 아니라 다양한 분야에서 어떻게 하면 최소 자원으로 최대 효과를 거둘 수 있을지 고민해야 한다. 혼자 영상을 제작하는 인플루언서가 회사에 소속돼 팀으로 움직이는 인플루언서들보다 결과물이 꼭 더 부족한 것만은 아닌 것처럼 말이다. 핵심은 내가 가진 강점을 어떻게 활용하고 취사선택해 효과적으로 움직이느냐에 달렸다.

젊은 시절 집에 페인트칠을 다시 한 적이 있었다. 부모님은 나와 동생도 같이 칠하게 하셨는데 나는 좀 불만스러웠다. 페인트칠이 싫기도 했지만, 굳이 세 명이나 그 일을 할 필요가 없다고 생각했다. 무엇보다 우리가 직접 하는 것보다 전문 도장업자에게 맡기는 편이 결과적으로 훨씬 낫기 때문이다. 하지만 부모님 세대에는 우리가 쓰는 시간은 자원이라고 생각하지 않고, 뭐든 스스로 하는 것이 가장 좋다고 여기는 경우가 많았다. 가사도우미도 그렇다. 나는 나이가 지긋하신 부모님이 청소하다 다치기라도 하면 잃는 게 더 많다며 한참을 이야기한 끝에 겨우 부모님을 설득해서 가사도우미를 고용할 수 있었다.

방법은 신중하게 선택하기

알맞은 방법으로 일하면 많은 시간과 자원을 절약할 수 있다. 특히 일 처리에 있어서 방향이 명확하다면, 더욱더 최적의 방법을 찾아야 한다. 최근 몇 년간 지식 확충을 위한 업무를 하다 보니 자료를 만들 때 글보다 사진이 더 많이 필요했다. 한동안 어떻게 하면 합법적으로 사용 가능한 사진을 찾을 수 있을지가 고민이었다. 원래는 무료 이미지 사용 플랫폼인 플리커Flickr에서 찾으려고 했는데 사진이 너무 많기도 하고 태그가 부족해서 검색하기 어려웠다. 나중에 찾은 유료 플랫폼은 품질은 괜찮았지만 비용이 만만찮았다.

그러다 우연히 '캔바Canva'라는 플랫폼을 알게 됐는데, 사용할 수 있는 사진이 많을 뿐만 아니라 각양각색의 템플릿도 쓸 수 있었다. 나한테는 엄청난 성과였다. 마치 뽀빠이가 시금치를 먹은 것처럼 순식간에 에너지가 급상승한 느낌이었다. 지금은 강의 자료나 홍보물을 만들 때 항상 캔바를 활용한다. 전문가가 디자인한 것에는 못 미치는 수준이지만, 내가 투자한 자원을 생각하면 꽤 실속 있는 결과물을 만들어낼 수 있다. 우리는 무슨 일을 하든 열심히 하고 있다고 착각하면서 막무가내로 일하면 안 된다. 요즘은 쓸 만한 툴이 많아 잘 찾아보면 크게 힘들이지 않으면서 더 빨리 일을 처리할 수 있다.

얼마 전 친구가 공유해준 인공지능을 이용해 영상 자막을 입히는 툴을 사용해보고 반해버렸다. 그 전까지는 3분짜리 유튜브 영상의 자막을 완성하는 데 15분이 걸렸는데, 이 툴을 사용하면 몇 분 만에 영상에서 자동으로 생성한 자막 파일을 다운받을 수 있다. 나는 이를 살짝 수정해서 업로드만 하면 된다.

이처럼 경험 많은 친구에게 물어보거나 인터넷에 검색하면 더 좋은 방법이 있는지 쉽게 찾아볼 수 있는 시대다. 만약 일이 어느 정도 정형화된 작업

이면 코드를 작성해서 해결할 수 있는지 고려하기 바란다. 코딩을 할 줄 몰라도 상관없다. 돈을 조금 들여서 잘하는 사람에게 맡기면 많은 시간을 절약할 수 있다. 시간이 많다고 여겨 익숙한 방법만 활용하면 안 된다. 1시간을 들여야 끝낼 수 있는 일을 5분 만에 끝낼 수 있는데 시도해보지 않을 이유가 있을까? 그렇게 절약한 55분을 아무것도 안 하며 보낸다고 할지라도 이는 해볼 만한 가치가 있다.

최대의 효과를 발휘하는 일을 하라

지금까지 일을 완수하는 데 도움이 되는 도구 활용법에 관해 이야기했다면, 이번에는 조금 가혹한 사실에 대해 언급하려고 한다. 바로 "모든 노력이 동일한 효과를 가져오지는 않는다"는 것이다. 요령을 피우는 것 같아도 가성비가 낮은 일보다는 가성비가 높은 일을 많이 해야 한다. 상사의 비위를 맞추라거나 하기 쉬운 일만 골라서 하라는 것은 아니다. 내 시간이 유한하다는 것을 인지하고 목표를 달성하기 위해 취사선택을 하라는 뜻이다.

나는 연구소 시험을 준비할 때 먼저 과목에 대한 평가부터 했다. 그리고 '심리학 방법'이라는 과목이 준비 시간은 오래 걸리지만 학생들의 평균 점수는 높지 않다는 것을 알았다. 그래서 그 과목은 공부하는 대신 기출문제만 이해하고 다른 과목에 시간을 더 할애했다. 시험 결과를 보니 심리학을 전공하지 않은 나 같은 학생에게는 이 방법이 꽤 성공적이었다. 내 심리학 방법 점수는 평균보다 약간 낮았지만, 다른 두 과목 점수가 좋아서 무난하게 타이완대학교 심리연구소에 합격할 수 있었다.

연애할 때도 마찬가지다. 나는 많은 것을 줬다고 생각하지만, 그것이 상대방이 원하는 게 아니었다면 관계는 오래가지 못한다. 명품 가방보다 여행을 좋아하는 연인에게 여행 비용보다 더 비싼 명품 가방을 선물하더라도 그 효과는 같이 여행 가는 것보다 못할 수 있다.

성과를 항목별로 평가하지 않고 총점으로 평가하는 것이라면, 이익이 높은 일을 많이 하는 것이 가장 유리하다. 항목별로 평가한다면 어떻게 해야 모든 항목에서 통과할 수 있을지를 먼저 고민하고, 가장 잘하는 분야에 더 많은 자원을 투입해서 최대의 성과를 거둘 방법을 생각해야 한다. 이때 한 가지 강조하고 싶은 점은 **가능하면 '본인의 관점'으로 최대 효과가 무엇인지 평가해야 한다. 사람마다 중요하게 생각하는 포인트가 다르므로 내 관점으로 평가하지 않으면 자기 회의감에 빠지기 쉽다.**

자원 통합이 중요하다

앞에서는 개인적인 관점에서 자원 계획법을 논의했지만, 현실적으로 다른 사람의 도움 없이 혼자서 해낼 수 있는 사람은 많지 않다. 그런 의미에서 어떻게 자원을 통합하느냐가 중요한데, 상인연합회가 대표적인 예라 할 수 있다.

내 주변의 성공한 친구들 상당수는 상인연합회에 속해 있어서 자원을 연계하고 공유하며 많은 가능성을 발견한다. 예를 들어 수산물 판매 대행업자, 식당 경영자, 식품 가공업자들이 연대해서 모두에게 이로운 상황을 만드는 식이다. 내가 그 분야 사람은 아니라서 정확히는 모르지만, 학계에서도 비슷한 방법이 있다. 정합성 연구라는 것으로, 다양한 분야의 전문가들이 힘을 모아 무언가를 만들 수 있게 독려하는 것이다.

수년 전 나는 의학계, 사회복지계 교수들과 협력해서 타이산泰山에 있는 노인 커뮤니티 케어(지역사회 통합 돌봄 계획의 일환) 거점을 대상으로 연구를 진행했다. 의학계가 참여하지 않았다면 전문적인 신경심리선별검사를 할 수 없었을 것이고, 사회복지계가 없었다면 커뮤니티에 들어갈 기회조차 얻지 못했을 것이다.

교수로서 우리가 손쉽게 통합할 수 있는 자원은 학생이다. 같은 심리학과 학생이지만 저마다 다른 능력이 있어서 감탄할 때가 많다. 노인 심리와 관련한 페이스북 팬 페이지를 운영했을 때도 학생들의 도움을 많이 받았다. 한번은 일을 꽤 크게 벌인 적이 있었는데, 내가 직접 자금을 조달해서 세미나를 열었다. 포스터 디자인, 티저 영상을 비롯해 다큐멘터리 상영 저작권 협상까지 전부 나와 학생들이 도맡아 했다. 모든 사람의 장점을 통합하지 않았다면 해낼 수 없었을 것이다.

Q15 왜 항상 들인 노력에 비해 성과가 미비할까?

첫째, 위험을 무릅쓰고 시도하길 원하지 않는다. 어떤 방식에 너무 익숙해진 나머지, 익숙한 방법을 쓰는 게 새로운 방법으로 바꾸는 것보다 힘이 덜 든다고 착각하는 사람들이 있다. 몇 안 되는 특수한 상황에서는 단기적으로 그 말이 맞을 수 있지만, 장기적으로 볼 때 익숙한 방법이 효율이 낮은 방법이라면 무조건 득보다 실이 크다.

둘째, 목표가 무엇인지 확실히 모른다. 공연히 바쁘기만 한 사람들이 있다. 이런 사람들은 내가 바쁘게 움직이면 반드시 좋은 실적을 낼 수 있다고 생각한다. 하지만 노력이 꼭 좋은 실적을 내는 데 유일한 요건은 아니다. 올바른 방법을 써서 올바른 방향으로 나아가야 효과가 있다. 처방전 → p.147

소소한 심리학 상식

비이성적 비용 분석

사람들은 비용 분석에 서툴다. 그래서인지 지출과 소득을 비이성적으로 평가할 때가 종종 있다. 주로 지출은 과소평가하고, 얻을 수 있는 소득은 과대평가한다. 때문에 지출과 소득이 즉시 이뤄지지 않으면 상황은 복잡해진다. 백신 접종을 예로 들면 단기적으로는 접종 후 몸이 아픈 느낌(지출)이 들 수 있지만, 장기적으로는 면역력(소득)이 생긴다. 그렇다면 백신을 맞아야 할까 맞지 말아야 할까? 연구 결과, 어떤 일을 안 해서 장기적으로 심각한 악영향이 생길 때 피실험자가 장기적인 대가를 생각하게끔 유도하면, 약간의 단기적인 지출을 감내함으로써 미래에 맞닥뜨려야 하는 악영향을 피할 수 있었다. 예를 들어, 계속 담배를 피우면 나이가 들었을 때 신체 기능이 심각하게 퇴화한다는 것을 피실험자에게 알릴 경우 금연하겠다는 사람이 늘어난다. 하지만 장기적으로 큰 문제가 생기지 않는다면, 미래를 가정해 변화를 유도한다고 해도 단기적인 의사결정에는 영향을 미치지 않는다.

Lesson 16

계획의 확실성과 불확실성

몇 년 전 일본에서 열리는 학술 행사에 초청받아 가기로 했는데, 돌발 상황이 생겨 어쩔 수 없이 일정을 취소했다. 당시 주최 측에서는 적잖은 충격을 받은 것 같았다. 어떻게 1년 전부터 참석한다고 약속해놓고 두 달 전에 결정을 번복할 수 있느냐는 것이었다.

모든 일을 미리 계획하는 일본인과 대조적으로 중국의 행사 기획은 다양한 불확실성으로 가득하다. 한번은 TED×Kids@Xueyuanlu(3~12세 아동을 대상으로 한 중국 최초의 TED 강단 - 옮긴이 주)의 초청으로 중국에서 강연하기로 했는데 행사 장소와 시간이 여러 번 변경됐다. 원래는 강연하러 가는 김에 가족과 상하이에 다녀올 생각이었지만 강연 날짜와 가족 여행 시간이 어긋나는 바람에 한 달 새 상하이를 두 번이나 방문해야 했다.

그동안 중국 협력 업체와 일하면서 일정 변동이 잦다는 것은 익히 알고 있는 바였지만, 그때처럼 비행기 표를 예매했는데 변경해야 하는 경우는 처음이었다. 걸핏하면 바뀌는 계획에 나도 처음에는 적응이 안 됐지만 이제는 숱한 경험이 깨달음을 줬다. 언제든 변동될 가능성을 염두에 두고 유연하게 행동해야 한다는 것이다. 우리는 미래에 어떤 예상치 못한 일이 일어날지 알 수 없다.

앞서 언급한 강연을 예로 들면 날짜는 계속 변경돼 불확실한 요소였지만, 강연 주제는 일찌감치 확정된 거라 미리 준비할 수 있었다. 일정 변경으로 불편하기는 했지만, 강연 내용을 미리 준비한 덕분에 큰 영향을 받지는 않았다.

통제 가능한 영역을 파악하라

살면서 크고 작은 일을 계획할 때 각 부분의 통제 가능성을 고려하는 일은 중요하다. 쉽게 통제할 수 있는 일은 계획을 빈틈없이 세워도 되지만, 그렇지 않은 일은 돌발 상황에 따른 충격을 피할 수 있도록 여유를 두고 진도를 정해야 한다. 가능하다면 통제가 쉬운 일부터 서둘러 해결하기를 권한다. 그래야 통제하기 힘든 일을 처리하는 데 자원을 더 쓸 수 있다.

대개 정해진 방법으로 예정된 시간 안에 완성할 수 없다면 그건 통제하기 힘든 일이다. 이렇게 다소 엄격한 기준을 적용하는 이유는 어떤 일을 하면서 다른 사람이나 기술의 도움을 필요로 하는 불확실성이 존재하기 때문이다. 기기도 실수할 수 있다. 기기는 실수하지 않는다고 맹목적으로 기대하기보다는 기기의 도움이 필요한 부분은 통제 가능성이 낮은 일로 간주해야 한다.

물론 그렇게까지 모든 일에 비관적일 필요는 없다. **통제 가능성이 낮은 부분도 사전 연습을 통해 통제 가능성을 끌어올릴 수 있다.** 예를 들어, 기기를 여러 번 테스트함으로써 어떤 상황이 일어날 수 있는지, 또 성공할 확률은 어느 정도인지 미리 알 수 있다. 이런 과정을 거치면 어느 정도 자신감이 생기고 통제 가능성도 커진다. 집에서 음성 인식 장치로 음악을 재생할 때 가끔 오류가 발생할 때가 있다. 그럴 때는 조금 번거롭더라도 스마트폰 앱 설정으로 음악을 재생하면 쉽게 해결된다. 사전에 다양한 시뮬레이션을 해보면 통제 가능성이 낮은 일도 통제 가능한 일로 바꿀 수 있다.

세상에는 통제할 수 없는 일이 많지만, 실제로 우리가 완전히 장악할 수 없는 일은 극히 드물다. 다만, 어떤 이유들로 그것을 통제하지 않는 것뿐이다.

모험이 필요한 순간

앞에서 언급했듯이 우리는 일할 때 내가 통제할 수 있는 수준으로 끌어올려야 한다. 그런데 이렇게 하면 정해둔 목표를 순조롭게 달성할 수는 있지만, 나의 가능성을 제한하게 되기도 한다. 우리가 지금 막 인생의 갈림길에 서 있다고 해보자. 안정적인 삶과 모험을 해야 하는 삶 중에 어느 쪽을 선택하느냐에 따라 인생의 방향이 결정된다.

나도 한때 어디론가 도망치고 싶던 적이 있었다. 학생들을 가르치는 것에 지쳐 있었고 여러 가지 일도 많았던 데다가 학구열이 낮은 학생들을 만난 것이 결정적이었다. 학교 밖 강연에서 만나는 청중에 비해 학교 안의 학생들은 오히려 학습 동기가 낮아서 가르치는 보람을 잘 느낄 수 없을 때가 있다. 그런데 막상 학교라는 편안하고 안정적인 환경을 벗어날 생각을 하니 괜히 뒷걸음질 쳐졌다.

현재 나는 회색 지대를 걷고 있다. 나의 일부는 통제 가능성이 높은 길을 걷고, 또 다른 일부는 통제 가능성이 낮은 길을 걷는다. 이런 방식을 선택한 지 오래됐지만, 미련 없이 나를 온전히 내던져야 할지 아직 확실하게 마음을 정하지 못했다. 그저 통제 가능성이 높은 길만 가지 않아서 다행이라고 여길 뿐이다. 통제 가능성이 높은 길로만 갔다면 이토록 흥미로운 일들을 많이 경험하지 못했을 테니 말이다.

그래도 다른 교수들에 비하면 내가 불확실성이 높은 길을 가는 편이기는 하다. 그럼에도 사회 전반적인 기준을 놓고 보면 나는 안정 추구형에 속한다. 나는 스스로 삶의 리듬을 통제하길 원하고, 통제 가능성이 높은 것 위주로 선택해 계획한다. 불확실성이 너무 클 때는 그만큼의 강한 흡인력이 없으면 대체로 참여하지 않는다.

나처럼 안정적인 것을 선호하는 사람이라면 인생에서 20% 정도는 통제 가능성이 낮은 일에 도전하기를 권한다. 특별히 기대하지 않아도 좋다. 올바른 방향으로 가기만 하면 좋은 일들은 자연스럽게 따라온다. 나는 푸런대학교에 들어간 다음, 그 이듬해부터 틈틈이 블로그에 교양 심리학 관련 글을 적었다. 당시에는 학생들이 읽기를 바라는 마음이었고, 다른 것은 기대하지 않았다. 그런데 블로그로 인해 인생의 전환점을 맞았고, 육아서 출간 기회가 생겼으며, 여러 가지 재미있는 일들이 일어났다.

눈을 뜨면 바로 삶의 끝이 보이는 뻔한 인생도 싫고, 그렇다고 통제 불능인 인생도 원치 않는다면, 내 삶에 통제 불가능한 요소들을 하나씩 더해보는 것도 괜찮은 방법이다. 어떤 직장인들은 이직을 시도하기 전에 먼저 관련 일을 맡아 보고 그 길이 본인과 맞는지 살펴본다. 경솔하게 직업을 바꿔서 완전히 통제 불가능한 환경을 마주하는 것보다 이 방법이 훨씬 효율적이다. 이런 시도들로 더 많은 거절과 반대에 부딪힐 수도 있겠지만, 인생의 새로운 국면이 열릴 수도 있다.

사람은 자기만의 속도와 선택이 있다

앞서 논의한 내용을 토대로 내가 성취할 수 있는 대상과 그것을 이루기 위해 필요한 시간에는 여러 가능성이 존재한다는 것을 알게 됐을 것이다. 자신이 이루고 싶은 것에 대해 분명한 생각이 있다면 통제 가능성이 높은 길을 가도 순조롭게 목적을 달성할 수 있다. 반면, 무엇을 이루고 싶은지 확실하지 않다면 긴 시간이 걸린다. 어쩌면 쓸데없이 헤매다가 자신이 무엇을 원하는지 뒤늦게 발견할지도 모른다.

학과나 직업을 선택할 때 누군가는 일찍부터 계획대로 일을 추진해 어떤 학과에 가야 어떤 기업의 어떤 직무로 들어갈 수 있을지 생각한다. 그런데 그 사람들이 자신이 정한 목적지에 도착했을 때 모두 만족할까? 꼭 그런 건 아니다. 내가 정한 목적지가 맞지 않는 경우도 있다. 내 경우 대학 진학을 앞두고 생명과학과와 심리학과 둘 중에 어디를 갈지 고민했다. 점수에 맞춰 생명과학과를 선택했지만, 결과적으로 나는 현재 학교에서 심리학을 가르치고 있고, 심리학이야말로 내가 공부하고 싶은 분야라는 것을 깨달았다.

대학 시절, 동아리 활동을 하면서 방사선치료학과 친구를 알게 됐다. 졸업한 후 전공을 살려 몇 년간 방사선 치료사로 일하던 그녀는 유학길에 올라 공부를 계속하다가 평소 좋아하던 무용 치료로 전공을 바꿨다. 전공과 직업을 바꾸는 일은 생각보다 오랜 시간이 필요한 것은 물론, 당시 타이완은 무용 치료 환경이 안정적으로 자리 잡기 전이라 그 친구는 부단히 노력해야만 했다. 코로나19로 상황이 가장 심각했을 때는 무용 치료 건수가 거의 전무하다시피 해서 하마터면 방사선 치료사로 다시 돌아갈 뻔했다. 하지만 그녀는 무용 치료라는 길을 포기하지 않았고, 현재 타이완 무용치료연구협회 이사장 위치에 올라 무용 치료를 건강보험 적용 항목에 포함하는 작업을 적극적으로 추진 중이다.

내 계획이 어떻게 발전해나갈지를 알면 그것으로 충분하다. 그런 다음에는 아무리 계획이 확실해도 예상과 다르게 전개될 수 있다는 점을 기억하자. 예상보다 못한 결과가 나와도 지나친 후회는 삼가자. 잠시 멈췄다가 생각이 정리됐을 때 다시 시작하면 된다.

Q16 왜 계획이 항상 갈피를 못 잡을까?

첫째, 계획에 변수가 너무 많다. 계획을 세우지 않는 사람들은 계획을 세우든 안 하든 별 차이가 없다고 하지만, 별 차이가 없는 건 계획 자체에 불확실한 요소가 많아서 원래부터 예상한 결과에 못 미칠 확률이 높기 때문이다.

둘째, 방향을 잘못 잡았다. 목표는 정했는데, 계획이 그 목표와 일치하지 않을 때가 있다. 이럴 경우 완벽하게 계획대로 가더라도 정한 목표에 도달하지 못할 수 있다.

처방전 → p.147

소소한 심리학 상식

불확실성의 영향

의사결정 분야에 위험 회피risk aversion라는 용어가 있다. 사람들이 불확실성으로 인한 위험을 피하고자 이득이 낮은 선택지를 고른다는 뜻이다. 주식 투자 대신 은행 적금을 선택하는 것처럼 말이다. 주식에 투자하더라도 상장지수펀드ETF를 통해 단일주 변동으로 인한 불확실성을 피하는 사람들이 많다. 한편, 동일한 손실이라도 전달하는 방식에 따라 선택에 미치는 영향이 달라지기도 한다. 예를 들어, 의사가 "과거에 이 수술은 10분의 1의 확률로 실패했습니다"라고 말하면 "과거에 이 수술은 100번 중에 10번 꼴로 실패했습니다"라고 말할 때보다 환자가 수술에 응할 확률이 더 높아진다. 후자가 전자보다 손실이 명확하게 느껴지는 표현이기 때문이다. 불확실성이 높은 선택지를 받아들이라고 자신을 설득할 필요는 없다. 하지만 의사결정을 내릴 때 불확실성이라는 요소의 영향을 받을 수 있다는 점은 알아야 한다. 이런 자각이 있으면 좀 더 합리적인 결정을 내릴 수 있다.

심리학 처방전

Q13. 왜 미리 계획하지 않을까?

처방전1 환경은 계속 변하지만 핵심적인 요소들은 크게 변하지 않는다. 이런 핵심적인 요소와 관련해 계획하는 것부터 연습해보자. 미리 계획하는 일이 그래도 쓸모 있다는 것을 확인할 수 있을 것이다.

처방전2 일정을 계획할 때 계획하는 데 필요한 시간을 고려 대상에 포함해야 한다. 시간이 꼭 길 필요는 없지만, 사전 조사를 해두는 게 좋다.

Q14. 왜 실수할 여지를 남겨두지 않을까?

처방전1 시간이 제한적이더라도 나에게 상황별 질문을 던져보자. 만약 이 부분에 문제가 생겼을 때 어떤 대응 방안이 있을지 생각해보는 것이다. 대응 방안이 생각나지 않아도 상관없다. 대신 문제 상황을 어떻게 수습할지 고민해보자.

처방전2 어떤 부분에 일부러 변화를 준 다음 같은 방법으로 실패를 경험해보자. 실패한 경험을 통해서 익숙한 방법이라도 실수할 수 있다는 것을 스스로 상기시킬 필요가 있다.

Q15. 왜 항상 들인 노력에 비해 성과가 미비할까?

처방전1 심적 부담이 없는 상황이라면 한번 해보자는 심정으로 방식을 바꿔 일해보자. 자신을 변화시킬지 모른다.

처방전2 내가 이루고 싶은 목표와 그 목표를 이룰 수 있는 방법에는 어떤 것들이 있는지 먼저 확실하게 정하고, 목표를 달성할 수 있는 가장 쉬운 방식을 골라 추진하면 된다.

Q16. 왜 계획이 항상 갈피를 못 잡을까?

처방전1 계획할 때도 각 부분에서 통제 가능성이 높은 곳과 낮은 곳이 어디인지 살펴본다.

처방전2 성공 사례들을 참고해서 내가 계획한 방향이 맞는지 확인하면 바라던 목표를 달성하는 데 도움이 된다.

고집

고집은 오랫동안 부정적인 의미로 오해받았지만,
본래 좋은 의미를 지닌다. 특정한 상황에서
끝까지 옳은 방법으로 나아가는 힘이기 때문이다.
그러나 쓸데없는 고집을 부리다가는 융통성 없고
고집불통이라는 소리를 듣게 될 수도 있으므로,
종종 스스로를 돌아보는 시간을 갖도록 하자.

Lesson 17

규칙적인 일과 휴식의 중요성

대학 시절을 너무 제멋대로 보내서인지 아니면 나이가 들어서 그랬는지 모르겠지만, 박사 공부를 할 때 나는 일과 쉼에 있어서 상당히 규칙적인 생활을 했다. 대개 아침 9시쯤 연구실에 도착해서 저녁 6시쯤 귀가했다. 함께 공부한 친구들은 연구생이 공무원처럼 생활한다며 나를 의아하게 바라봤다.

어느 날 한 친구가 "좀 편하게 지낼 생각은 없어?"라고 물었을 때, 나는 그 질문이 좀 우습다고 생각했다. 내 경우 규칙적으로 일하고 쉴수록 안정감이 생기고 업무 효율도 올라갔기 때문에 이 생활을 포기할 이유가 없었다. 이런 생활 패턴은 연구소에 와서 생긴 것이 아니라, 어려서부터 내가 가지고 있던 성향이었다. 초등학교 1학년 때는 강박증이 있어서 다음날 지각을 안 하려면 저녁 8시에는 무조건 자야 한다고 생각했다. 가족과 외식이라도 나가 제시간에 못 자면 엄청 짜증을 부렸다. 대학 시절은 생활이 혼돈 그 자체인데다 내 능력으로 조절할 수 없는 부분이 많아서 규칙적으로 일하고 쉬는 습관이 내 삶에 자리잡을 수가 없었다.

나의 규칙적인 생활 패턴은 아이가 태어난 후 또 한 번 위기를 맞았다. 아이가 막 태어났을 때는 갓난아기의 생활 패턴에 맞추다 보니 정해진 시간에 일하고 쉬는 것이 쉽지 않았다. 그래도 두 시기를 제외하면 대체로 나는 규칙적으로 일하고 휴식을 취해왔다. 매일 밤 10시쯤 자고 아침 5시쯤 일어나 6시에 헬스장에 간다. 7시쯤 집에 와서 아이들과 아침을 먹고 사무실로 향한다. 특별히 외근할 일이 없으면 근무 시간에는 사무실에 있는다.

하지만 이것도 이제는 옛날 이야기다. 지금은 기상과 취침 정도만 정해진 시간을 지키고 있다. 고정된 시간에 고정된 일을 하면 맥락적 단서가 생겨서 도움이 되기는 하지만, 한편으로는 일정을 짤 때 제약이 생기고 시간을 탄력적으로 운용하기 힘들기 때문이다. 어쩌면 의도적으로 이런 삶을 거부하는지도 모르겠다. 하루 종일 언제 무슨 일을 할지 정해두는 것이 이제는 어쩐지 좀 비정상으로 느껴지기도 해서 무의식중에 거부하는 게 아닐까 싶다.

그래도 일의 순서 정도는 고집하는 편이다. 예를 들어, 나는 일을 할 때 필요한 요소가 다 갖춰져야 시작하며, 일하다가 어쩔 수 없이 대기하는 것을 싫어한다. 일을 할 때 최소한의 원칙이 있어야 일정을 손쉽게 통제하고 불확실한 요소의 영향에서 자유로울 수 있기 때문이다. 일을 하다가 대기하는 것이나 모든 요소가 갖춰질 때까지 기다리는 것이나 '기다린다'는 측면에서는 마찬가지지만, 여기에는 중요한 차이가 있다. 후자의 경우에는 기다려야 한다는 것을 내가 미리 알고 있어서 사전에 다른 계획을 세울 수 있다. 2시간 늦게 출발하는 고속철도를 이용하기로 했다면 그 시간에 다른 일을 더 할 수 있다. 하지만 예기치 못한 사고로 고속철도가 2시간 지연된다면 어떨까? 일정 변동으로 인한 스트레스는 물론, 일할 여건도 마땅치 않아서 여러 가지로 불편할 것이다.

뇌는 규칙적인 일과 휴식을 좋아한다

고정적으로 일하고 휴식을 취하는 것이 인간에게 이로운 이유는 뇌의 특성과 밀접하게 관련되어 있다. 미국 노스이스턴대학교의 리사 펠드먼 배럿Lisa Feldman Barrett 명예교수는 자신이 쓴 책 《이토록 뜻밖의 뇌과학》에서 우리는 외부 환경이 주는 자극에 뇌가 수동적으로 반응한다고 생각하지만, 사실 뇌는 끊임없이 예측하고 있다고 언급했다. 과거의 경험을 바탕으로 현 상황에 대해 예측한다는 것이다. 규칙적으로 일하고 휴식을 취하면 뇌는 우리가 헛걸음하지 않고 자원을 낭비하지 않는 방향으로 예측할 수 있다.

일반 사람들은 이런 뇌의 활동을 쉽게 알아차리지 못할 수도 있지만, 심리학자들은 복잡하게 뒤엉킨 정보에서 규칙을 찾아내고, 그 규칙으로 혜택을 보는 경우를 자주 목격한다. 더 대단한 것은 우리가 그런 규칙들을 알 필요도 없이 뇌가 자연스럽게 그 규칙들을 찾는다는 점이다. 예를 들어 스크린에 보이는 숫자를 타이핑하라는 요청받았다고 해보자. 숫자는 랜덤으로 나오거나 특정 규칙에 따라 나타날 수도 있다. 비록 우리가 그 규칙을 알아

• **무작위**

1 - 3 - 2 - 4 - 2 - 3 - 3 - 4 - 3 - 2 - 1 - 2 - 3 - 4

• **잠재적 규칙 존재**

1 - 4 - ③ - 2 - 1 - 2 - ③ - 4 - 1 - 4 - ③ - 2 - 1 - 2

위 수열은 순서가 무작위고, 아래 수열은 1에서 뒤로 두 번째 숫자가 3이라는 규칙이 있다. 처음에는 어렵게 느껴질 수 있지만, 연습하면 아래 수열을 봤을 때 판단하는 시간이 단축될 것이다.

차리지 못하더라도, 우리의 행동은 그 규칙성 덕분에 빠르게 반응할 수 있게 된다. 따라서 고정적인 일 처리가 발휘하는 힘을 절대로 가볍게 넘기면 안 된다. 뇌는 이런 방식을 좋아해서 자원을 효율적으로 계획하고 안배할 수 있게 한다.

뇌는 시간에도 상당히 민감하다. 밤 근무가 익숙한 사람을 갑자기 오전 근무로 바꿔버리면 일의 효율이 떨어진다. 충분한 휴식을 취해도 상황은 나아지지 않는다. 다시 말해, 일찍 일어나는 것과 효율성의 인과관계가 항상 성립하는 것은 아니라는 이야기다. 아침형 인간이 되려고 애쓰지 않아도 자신에게 편한 시간에 일하면 최고의 효율을 발휘할 수 있다. 뇌 구조의 차이가 아침형 인간과 올빼미족을 결정하는 원인이라는 증거들도 존재한다.

근무 시간과 휴식 시간을 규칙적으로 바꿔보자. 예를 들어, 30분 일하고 5분간 쉬면서 얼마동안 일하면 쉴 수 있는지 뇌를 적응시키는 것이다. 학교에서 오래 근무한 사람은 50분 일하고 10분 쉬는 시스템으로 패턴을 조정하기 쉽다. 어떤 일을 하느냐에 따라 다르겠지만, 이와 비슷한 원리로 계획하고 적절한 휴식을 통해 뇌가 효과적으로 능력을 발휘할 수 있게 하면 된다.

규칙적인 일과 휴식은 선택장애를 줄여준다

규칙적인 일과 휴식은 선택하느라 낭비되는 자원을 줄여주는 장점이 있다. 앞으로 무슨 일을 할지 고민하는 데 얼마나 시간이 낭비되는지 따져본 적은 없을 것이다. 그런데 생각해보자. 갑자기 어느 식당에서 밥을 먹고 싶은데 예약을 안 했다면 대기 때문에 시간을 낭비할 수 있다. 일할 때도 마찬가지다. **앞으로 무엇을 해야 할지 알고 있다면 마음의 준비를 하고 일찌감치 일을 처리해서 시간 낭비를 막을 수 있다.** 단, 줄곧 고정적인 일만 해왔다면, 이런 의외의 소득은 없을지도 모른다.

또한 항상 같은 일을 한다면 시간이 오래될수록 시야가 한정될 수 있다. 스티브 잡스 애플 전 CEO와 마크 저커버그 메타Meta 플랫폼 CEO는 오랫동안 똑같은 스타일의 옷만 입었다. 옷을 코디하는 수고는 덜었을지 몰라도 어떻게 하면 옷을 더 멋지고 세련되게 입을 수 있는지 발견할 수 있는 기회는 줄어든 것이다.

선택장애를 겪는 사람에게는 규칙적으로 일하고 쉬는 방법이 상당히 괜찮은 솔루션이라고 여길 수 있다. 하지만 나는 고정적인 일과 휴식 패턴은 에너지를 절약하는 행동의 부산물 정도일 뿐이라고 생각한다. 나는 웹 서핑을 할 때 고정적으로 보는 사이트 몇 개 외에 다른 곳들은 찾아보지 않는다. 정보가 넘쳐나는 요즘 시대에 사람이 모든 정보를 손에 쥐는 것은 불가능하다. 그러므로 서로 다른 수많은 정보를 접하는 것보다 소수의 정보에서 핵심을 정리해 건져내는 편이 낫다.

제약이 진정한 자유를 만든다

타이완의 유명한 영화감독 허우샤오셴侯孝賢은 영화 〈자객 섭은낭刺客聶隱娘〉인터뷰에서 "섭은낭은 여기저기에서 제약을 받는 캐릭터다. 암살자로 키워졌지만 측은지심으로 살인을 계속하지 못 하는데, 바로 이런 제약 때문에 이 스토리를 영화로 만들고 싶었다"라며 한마디를 더 덧붙였다. 나는 이것이 규칙적인 일과 휴식에도 적용할 수 있는 원리라고 생각한다.

> "제약이 있어서 자유롭다."

나의 규칙적인 삶의 패턴이 남들 눈에는 제약이 많아 보일 수 있지만 규칙적으로 일하고 쉬기 때문에 오히려 자유를 누린다. 내가 맡은 일정을 빨리 끝낸 날에는 다른 일을 할 수 있다. 여기에서 말하는 자유는 사람들이 생각하는 것처럼 제한을 받지 않는 자유와는 조금 차이가 있는데, 일정한 범위 안에서 시간을 탄력적으로 운용할 수 있는 것을 말한다. 물자가 부족하던 과거에는 사람들이 창의적인 발상을 더 많이 했다. 애초에 가진 것이 많지 않아서 좋은 생각을 발휘하지 않으면 호기심을 충족할 수 없었기 때문이다.

연구 결과를 보면 사람들은 선택지가 많을 때 선택지가 적을 때보다 빨리 결정을 내리지 못했다. 선택지가 많을수록 자유로워진다고 착각할 뿐이다. 이는 **아무 제약도 없을 때 자유로워지는 것이 아니라 오히려 막막해진다는 것을 보여준다.**

Q17 왜 규칙적으로 일하고 쉬는 사람을 부정적으로 볼까?

첫째, 진부한 사람이라고 생각한다. 규칙적으로 일하고 쉬는 사람은 생활이 판에 박혀 있을지는 몰라도 사고까지 경직돼 있다는 뜻은 아니다. 고정적으로 일하고 휴식을 취했기에 오히려 더 많은 자원으로 다양한 시도를 할 수 있다.

둘째, 인생이 제약을 받는다고 생각한다. 규칙적으로 일하고 쉬는 사람의 대부분은 누군가가 규정한 걸 따르는 것이 아니라 주체적으로 언제 일하고 쉴지를 결정한 것이다. 만약 당신이 탄력적으로 일하고 있다면 근무시간과 휴식 시간에서 스스로 결정할 수 있는 부분은 얼마나 되는가?

처방전 → p.179

소소한 심리학 상식

일주기 리듬

circadian cycle

대부분의 사람들은 자신이 일하고 쉬는 시간이 규칙적이지 않다고 생각한다. 하지만 교대 근무자들과 비교하면 근무 시간과 휴식 시간이 고정적인 편이다. 적어도 밤 9시에 출근해서 이튿날 새벽 5시까지 근무하고 이틀 후 아침 9시에 출근해서 오후 5시까지 일하는 것은 아닐 테니까 말이다. 연구에 따르면 교대 근무자들은 다른 직업에 비해 스트레스를 많이 받는다고 한다. 이는 아마도 대인관계와 관련 있을 것이다. 근무 시간과 휴식 시간이 일반적이지 않다 보니 다른 사람들과 관계맺는 데 제약이 있을 수밖에 없다. 한 연구 결과에서는 올빼미족의 근무 시간과 휴식 시간을 2시간 앞당기면 사회에서 통용되는 근무 및 휴식 시간에 가까워져서 주관적으로 느끼는 스트레스와 우울한 상태가 눈에 띄게 개선되고 반응 능력과 생리 지표도 좋아지는 것으로 나타났다. 일찍 자고 일찍 일어나는 데 집착할 필요는 없다. 나에게 맞는 고정적인 근무 시간과 휴식 시간을 유지할 수 있다면 그 방법이 가장 좋은 것이다.

Lesson 18

고집스러워야
정확하게 계획할 수 있다

우리 집 첫째 아이는 초등학교 4학년이 되기 전까지 다른 지역에서 학교를 다녔다. 둘째는 푸런대학교 부설 유치원에 다녀서 따로 등하원을 해줘야 했는데 퇴근할 때마다 애 둘을 데리고 귀가하는 게 보통 일이 아니었다. 그래도 3년 동안 아이들 픽업을 다른 이에게 부탁한 적은 거의 없다. 도로 사정이 안 좋아서 아이와 만나기로 한 장소에 도착할 수 없는 등의 긴급한 상황이 아니고서는 내가 다 해왔다.

일을 하면서 안정적으로 아이들을 케어할 수 있었던 것은 계획적인 성격 덕분이다. 몇 년 동안 쌓인 교통 데이터베이스가 어느 시간대에 사무실을 나서야 두 아이를 기다리게 하지 않고 순조롭게 픽업할 수 있는지 알려주기도 했지만 말이다.

첫째를 픽업하러 갈 필요가 없어진 지금은 어떻게 하면 두 아이에게 따뜻한 저녁을 먹일지 궁리한다. 예를 들어, 나는 출근하기 전에 미리 쌀을 씻어 물에 불려둔다. 불리는 시간이 부족해 밥이 설익는 경우를 대비해서다. 시간이 많이 걸리는 요리는 전날 밤에 만들거나 다음날 금방 완성할 수 있도록 어느 정도까지만 익혀둔다. 그러면 보통 30분 안에 저녁 반찬 서너 가지를 준비할 수 있다. 이렇게 시간 맞춰 식사 준비를 하는 것을 보며 친구들은 감탄하며 비결을 물었다. 내가 계획대로 움직일 수 있었던 것은 만드는 요리가 매번 비슷해서 시간을 쉽게 가늠한 덕분이었다. 편안한 환경에서 내가 할 수 있는 일을 해와서 계획을 세우기 수월했던 것이다.

나는 대체 언제부터 이런 행동 양식을 보였을까? 뚜렷한 조짐을 보인 것은 중학교 때인 것 같다. 당시 나는 학업에 온 신경을 집중했는데, 예습과 복습 시간도 따로 정해 놓고 스스로 시험 문제를 출제해서 자체 시험을 보기도 했다. 지금 생각하면 다소 특이한 방식이었던 것 같지만 타고난 천성이라고밖에 설명할 수 없겠다.

인지심리학을 공부하면서 계획적인 성격이 실행 기능과 밀접한 관계가 있다는 것을 알았다. 실행 기능은 뇌의 총괄매니저처럼 계획, 통합, 자원 분배를 책임진다. 실행 기능이 좋으면 우수한 기획력, 억제력, 단기 정보 저장 능력, 연산 능력, 유연한 일 처리 등으로 이어진다. 실행 기능이 중요한 지적 능력으로 알려지면서 지적 능력 향상을 요구하는 훈련에서도 실행 기능 훈련을 중요하게 생각하는 추세다.

나에게 무엇이 필요한 지 아는 것이 계획의 핵심

우리는 계획적으로 사는 사람을 보면 그 사람의 기획력 또한 뛰어날 것이라고 예측한다. **좋은 기획력은 자신이 무엇을 원하고 무엇을 원하지 않는지에 대한 분명한 자기 생각, 즉 고집에서 비롯된다.** 나는 좋아하는 일이면 아무리 바빠도 어떻게든 할 수 있는 방법을 생각해내지만 싫어하는 일은 시간적 여유가 있어도 하지 않는다.

자신에게 필요한 것과 필요하지 않은 것이 무엇인지 아는 것 이외에도 필요한 부분에 대해 세심하게 순서를 매기면 일정을 어떻게 안배해야 할지 명확해진다. 일단 가장 중요한 일을 배치하고 그 다음으로 중요한 일을 배열한다. 이미 일정이 차서 다른 것을 넣을 자리가 없다면 취사선택을 해야 한다.

나는 여행 일정을 짤 때 먼저 가장 가고 싶은 명소를 정한다. 그리고 그 명소와의 거리 그리고 선호도에 따라 다음 방문할 장소를 결정한다. 이번에 못 가는 명소에는 크게 미련을 두지 않는다. 그래야 다음번 여행을 계획할 수 있기 때문이다. 여행도 그렇지만 일상에서 하는 모든 계획들도 마찬가지다. **어느 정도 고집이 있어야 계획을 잘 세울 수 있다. 여기에는 '실행할 수 없는' 계획도 포함된다.**

필요한 것이 무엇인지만 고려하고 필요 없는 게 무엇인지 생각한 적이 없다면, 돌발 상황이 생겼을 때 계획을 변경해야 할 수도 있다. 마치 대형 마트에 갔는데 살 물건만 생각하고 안 사도 되는 물건이 무엇인지를 상기시키지 않으면 이것저것 집어넣다가 원래 살 계획이 없던 물건들까지 잔뜩 구매하게 되는 것과 비슷한 이치다.

탄력적으로 계획하는 법

계획적으로 일한다고 하면 유연성이 부족하다고 생각하기 쉽다. 이것은 오해다. **계획을 잘 세우는 사람은 절대 모든 일이 순조로울 거라고 단정하지 않는다. 그들은 설정한 목표를 순조롭게 달성하려고 더 많은 대안을 준비할 뿐이다.**

나는 매일 밤 자기 전에 아이들에게 아침 식사로 무엇을 준비하면 좋을지 묻는다. 이때 원하는 것을 못해줄 경우에 대비해 차선책을 꼭 물어본다. 미리 물어봤기 때문에 아이들은 아침 식사에 대부분 만족한다. 가끔 비몽사몽한 상태에서 아이들이 말한 것을 잘못 듣고 엉뚱한 걸 사왔을 때를 빼면 말이다.

예상치 못한 상황으로 '계획하지 않은' 계획들을 세워야 할 때도 있다. 계획하지 않은 부분들은 내 상황에 따라 탄력적으로 처리하면 된다. 내가 지쳤다면 당분간 휴식을 취하는 데 시간을 쓰고, 우연히 흥미가 생기는 일을 발견했다면 그 일을 탐색하는 데 시간을 사용하는 것이다. 유비무환의 자세로 에너지가 남았을 때 할 일을 미리 배치할 수도 있다. 학기가 막 시작할 때는 학업 스트레스가 크지 않은 상태이므로 예습하는 데 쏟는 시간을 줄일 수 있다. 또 어떤 사람들은 매달 지출 경비를 계획하면서 급할 때 쓸 비상금을 고정적으로 모아둔다. 개념은 동일하다. 여유가 있을 때 미래 수요를 위한 계획을 세운다.

이렇듯 미리 계획을 세우면 유연하게 대처할 수 있는, 스스로 자유롭게 운용할 수 있는 탄력성이 높아진다. 아무것도 계획하지 않고 때가 되면 알아서 다 해결된다는 마음가짐을 고수하면 탄력성이 높아 보이는 방법도 사실 전혀 탄력성이 없는 것이나 마찬가지다. 그저 상황을 지켜보며 어쩔 수 없다는 반응만 보이는 것뿐이다.

기발한 생각은 대부분 계획에서 나온다

앞에서도 언급했듯이 계획적이라는 말은 탄력성이 없다는 뜻이 아니다. 오히려 따라야 할 규칙이 없어 보이는 것들이 사실은 일정한 규칙성에서 생겨났다는 사실을 잊지 말자. 마술을 예로 들면 마술사는 마치 우리가 어떤 카드를 뽑는지 엿볼 수 있는 신통한 능력을 가진 사람처럼 보이는데, 사실 대부분의 마술은 마술 도구에 미리 손을 썼거나 마술사가 특정 방식으로 패를 돌려서 사람들을 놀라게 하거나 둘 중 하나다. 학교에 마술을 배우는 학생이 있었는데, 포커 마술에 숨겨진 몇 가지 비밀을 공유해주었다. 덕분에 마술도 정해진 계획이 있어야 한다는 사실을 알게 됐다.

겉으로는 규칙과 딱히 관계없어 보이는 예술 영역에도 규칙은 있다. 우리는 창작자들의 작품은 매우 창의적이라고 생각한다. 하지만 그들이 만든 모든 작품이 매번 영감이 번뜩여서 새롭게 탄생한 것이라면 어떻게 우리가 작품을 보고 그게 누구의 작품인지 판단할 수 있겠는가? 실을 복잡하게 엮는 것으로 유명한 시오타 치하루塩田千春의 작품이나 크기가 다른 도트Dot로 유명한 야요이 쿠사마草間彌生의 작품처럼 말이다.

여전히 내 말을 납득하기 어려운 이들을 위해, 모의 연구를 통해 얻은 데이터를 공유하겠다. 다양한 연령대를 초청해 무작위로 긴 숫자열을 적게 한 후 그 숫자열을 분석한 결과 25세 이상은 완전히 랜덤으로 숫자를 만들어내지 못하는 경우가 많았다. 피실험자들은 무자위로 숫자를 적었다고 느꼈겠지만, 연구원들이 분석한 결과 그 안에 잠재적인 규칙이 존재했던 것이다.

우리는 생각하는 것보다 더 규칙적이며 삶의 모든 부분이 어떤 규칙적인 방식에 따라 움직이고 있을 가능성이 크다.

Q18 왜 적절하게 계획할 수 없을까?

첫째, 지나치게 우유부단하다. 사람들이 계획을 싫어하는 이유는 좋아하는 것이 계속 변해서다. 계획하고 후회하느니 차라리 계획하지 않고 순리를 따르는 편이 낫다고 생각한다.

둘째, 계획대로 실천하지 못한다. 계획은 세우지만 추진력이 떨어지는 사람이 있다. 이는 계획의 진도와 자신의 능력 차이로 진도를 따라잡기 어려워서 그럴 수 있다. 어쩌면 쉽게 한눈을 팔아서 진도를 빼는 데 시간이 오래 걸리는 것일 수도 있다.

처방전 → p.179

소소한 심리학 상식

창의성과 규칙

창의력 연구에 몰두한 에드워드 네카Edward Necka 교수는 한 사람의 창의성과 통제력 사이의 관계를 비교 연구했는데, 창의성 테스트에서 좋은 결과를 보여준 사람이 통제력도 강했다. 다만, 통제력이 강한 사람은 탄력성은 떨어졌다. 또 창의성과 통제력 사이에는 연관성이 있고 창의성이 한 가지 업무에서 다른 업무로 전환하는 것을 통제하는 능력과도 관련 있는 것으로 나타났다. 뇌의 활동을 측정해본 결과, 창의성은 해마, 좌측 상전두회, 중전두회 간의 연결 정도와 현저한 상관관계를 보이고 창의력과 고차원 인지능력도 관련 있는 것으로 드러났다.

Lesson 19

옳은 일을 할 때 타협은 NO

수년 전 나는 큰 논란의 중심에 선 적이 있다. 당시 버스 광고에 수련에 성공한 모 종교 지도자가 정수리가 열려開頂(수련으로 높은 경지에 이르면 정수리가 열린다고 말한다 - 옮긴이 주) 성인이 됐다는 글귀와 함께 증거로 뇌를 스캔한 사진이 있었다. 한눈에 봐도 엉터리 같았다. 만약 머리에 틈이 있다면 목숨이 위태로울 텐데 성인이 된다는 것은 더 말할 것도 없었다.

나는 이를 소재로 교양 과학 글을 썼고, 과학 칼럼 게시판과 타이완 뉴스 사이트 PNN에 이 글이 올라갔다. 글이 발표되자마자 열띤 논쟁이 벌어졌고, 수많은 해당 종교 신도들이 각자의 주장을 담은 댓글들을 남겼는데, 대부분 비이성적인 방식의 대응이었다. 심지어 플랫폼에 내가 쓴 글을 내려달라고 요구하기도 했다. 하지만 나와 두 플랫폼 관계자들은 글에 문제가 없다고 판단하고 그들의 요구를 받아들이지 않았다.

목적을 달성하지 못한 해당 단체는 갖가지 방법을 동원해 내게 영향력을 행사했다. 푸런대학교 심리학과 홈페이지를 마비시키고 교수들을 보내 나를 설득하거나 해당 종교 단체의 경전을 우편으로 보내기도 했다. 잘잘못이 분명하고 어느 한쪽에서만 난리를 치다가 얼마 못 가 잠잠해지던 여느 비슷한 사건들과 마찬가지로 이 일도 그렇게 마무리됐다. 몇 년 후 해당 종교 지도자는 세상을 떠났지만 내가 쓴 글은 여전히 각 플랫폼에 남아 있다.

나도 한때는 항의서를 보내 학교 회계실을 골치 아프게 만든 인물이었다. 당시 일부 대학교수들이 국가과학위원회(지금의 과학기술부)의 회계 의혹 사건에 휘말렸다. 사건이 터진 김에 나도 어떤 학교들은 사소한 문구용품도 못 사게 할 만큼 경비를 정산 처리할 때 매우 엄격한 기준을 정해둔다고 투서했다. 내 이력을 밝히지는 않았지만, 본명을 사용했기 때문에 관련 부서에서 금방 나를 찾아냈고, 학교 측 유관 부서에게 내게 제대로 설명할 것을 요구했다.

그 후에도 불합리한 정산 처리 문제로 회계실과 여러 번 충돌이 있었다. 가끔 내가 너무 까탈스럽게 구는가 싶기도 했지만 불합리한 일을 보면 도저히 참을 수가 없었다. 그러던 어느날 크리스마스에 회계실의 한 동료에게 카드를 받았다. 내가 문제를 제기한 덕분에 제도가 개선되고 많은 교수가 혜택을 봐서 감사하다는 내용이었다. 카드를 보면서 그동안 내가 해온 많은 건의가 마침내 긍정적으로 평가받는 날이 왔구나 싶어 만감이 교차했다.

모든 것은 상대적인 법, 자신의 위치를 분명히 하자

나이가 든 지금도 나는 여전히 옳다고 생각하면 소신 있게 밀어붙인다. 달라진 게 있다면 바로 행동을 취하기보다 다양한 관점에서 생각해보고, 나와 대립하는 이념을 가진 사람의 관점으로도 상황을 보려고 더 노력한다.

지금에 와서 느낀 거지만, 버스 광고를 보고 문제 제기 글을 썼을 때 반발하던 신도들의 심정이 조금은 이해가 간다. 종교의 세계는 과학으로 설명할 수 없는 경우가 많다. 지구상에 인류가 갑자기 '짠'하고 나타난 것이 아니라는 과학적 증거들이 존재해도 기독교 신자들은 여전히 하느님이 인간을 창조했다고 굳게 믿는다. 그 신념을 이용해서 불량한 일들을 저지르는 사람만 없다면 굳이 이 문제에 대해 왈가불가할 필요는 없다.

모든 일은 여러 가지 면을 가진다. 그러니 아무리 확신에 차 있어도 자신의 입장을 확정하기 전에 다방면으로 고려하기를 권한다. 그러면 행동을 취한 후 반대하는 목소리로 인해 주춤하는 일은 없을 것이다. 나와 다른 의견이 있다는 것을 항상 염두에 두고 미리 마음의 준비를 한다면 반대 의견에 크게 동요하지 않을 수 있다.

교육부에서 발표한 고등학교 등교 시간을 늦추는 정책의 경우, 자녀를 좀 더 재울 수 있다는 관점에서 본다면 나는 두 팔 벌려 환영이다. 그런데 이 정책으로 아이들이 잠을 더 잘 거라고 누가 보장할 수 있는가? 만약 이 목적을 달성할 수 없다면 오히려 더 많은 폐단이 생길지도 모른다.

우리는 정책을 만드는 사람이 아니라서 우리의 선택이 광범위한 영향을 미치지는 않을 것이다. 그렇다고 해도 **내가 옳다고 생각하는 일을 하기 전**

에 다양한 가능성을 재차 검토해야 한다. 그래야 실제로 그 일을 시작했을 때 좀 더 막힘없이 목표를 달성할 수 있다. 많은 업체가 가격을 인상할 때 판촉행사를 먼저 진행하고 소비자의 충성도를 끌어올려 가격 인상에 따른 부작용을 줄이는 것처럼 말이다.

적절한 시기에 조율해야 나아갈 수 있다

어떤 일을 하기로 했는데 돌발 상황이 발생했다고 가정해보자. 이때 아무것도 조율하지 않고 원래 방법을 고수하는 것은 소신 있는 것이 아니라 어리석은 것이다. 이는 주식 투자에 비유할 수 있다. 갑작스러운 악재를 만났을 때는 한시라도 빨리 손을 떼는 것이 현명한 방법이지만, 사람들은 혹시나 하는 희망을 버리지 못할 때가 많다. 확실하지 않은 이익만 좇으며 투자한 돈을 방치하다가는 결국 본전도 못 찾게 된다.

우리가 고집해야 할 것은 그 일을 하는 방법이 아니라 달성하려는 목표를 쉽게 바꾸지 않겠다는 마음이다. 이익을 얻기 위한 투자라면 어느 한 종목에만 매달릴 필요는 없다. 적절한 시기에 다른 종목으로 바꾸는 것이 더 나은 방법이자 수익이라는 목표에 좀 더 가까워지는 길이다. 조율한다는 것이 마치 자신이 앞서 내린 판단이 틀렸다는 것을 의미하는 것 같아서 못마땅한 기분이 들 수도 있지만, 잘못을 용감하게 마주하고 성공에 가까워지도록 조율하는 것은 조율하지 않아서 반드시 실패할 수밖에 없는 상황을 맞이하는 것보다 훨씬 낫다. 쓴맛을 볼 때까지 기다렸다가 뒤늦게 잘못을 인정하고 시정할 것이 아니라 일찌감치 잘못을 인정하는 법을 연습해야 한다.

그렇다고 너무 쉽게 태도를 바꾸거나 잠시 뜻대로 되지 않는다고 해서 자신이 고수하던 방법에 문제가 있다고 생각하면 안 된다. 예기치 못한 사건이 없거나 처음에 전체를 두루 고려하지 못했다는 것을 나중에야 알게 된다고 해도 말이다. 단기적으로 난관에 부딪힌 것일 뿐이지 원래 계획은 문제가 없을 수도 있다. 따라서 계획을 수정하기 전에 생각을 확실하게 정리해야 한다.

빨리 가는 것보다 멀리 가는 것이 낫다

어떤 방식이 최선의 방법이라는 생각이 들면 단숨에 해치우겠다는 기세로 덤벼들기 쉽다. 그런데 최선의 방법이란 사실 존재하지 않는 개념이다. 환경은 계속 변하고 있기 때문이다. 한때는 최선이었던 방법이 다른 시점에서는 꼭 최선이 아닐 수도 있다. **자신의 방법이 현 상황에서 가장 적합한 방법인지 수시로 살펴야 한다.**

단기적으로 봤을 때는 조율하는 것이 그리 효율적으로 보이지 않을 수 있다. 그렇지만 문제를 발견하고도 시정하지 않는다면, 장기적으로 더 큰 대가를 치를지도 모른다. 카레이싱 시합 도중에 선수가 차에 이상이 있는 것을 발견하면 최대한 빨리 수리하고 다시 시합에 임한다. 이처럼 자신의 상태가 좋지 않다면 즉시 하던 일을 멈추고 조치를 취해야 한다. 무리하게 애쓸 필요는 없다. 사람이 일하다 쓰러지는 것은 대부분 갑작스러운 사고라기보다 오랫동안 피로가 누적돼 일어난 결과다. 멈춰야 할 때 멈추고 여유 있게 휴식을 취하면서 재충전한 다음 다시 시작해야 한다.

정확한 방법이라도 금방 좋은 결과를 얻지 못할 때가 있다. 그러면 사람들은 믿음이 흔들리고 아주 작은 변화로도 자기 부정을 하기 쉽다. 이럴 때는 기본으로 돌아가는 것이 좋다. 상황에 변화가 생겼는지, 세심하게 고려하지 못한 부분이 있는지 살펴보는 것이다. 둘 다 아니라면 자신이 설정한 이정표를 통해 계획이 예상대로 잘 흘러가고 있는지 점검한 다음, 모든 것이 궤도에 올랐다면 용감하게 밀고 나가자.

Q19 왜 자신의 의견을 견지하지 않을까?

첫째, 스스로도 그것이 옳다고 믿지 않는다. 자기 생각을 선뜻 밀어붙이지 못하는 이유는 내가 해낼 수 없을 것 같다는 회의감이 들기 때문이다. 그래서 남에게 인정받을 것 같은 일만 한다.

둘째, 자기 생각을 고수한 것에 대해 책임질 용기가 없다. 인간은 남의 말을 따르는 데 익숙하다. 그래야 책임질 필요가 없다고 생각하기 때문이다. 하지만 내가 한 일이면 설사 다른 사람의 지시를 따른 것이라도 나에게 책임이 있다. 그러므로 자신의 신념과 배치되는 일로 책임지는 것보다 내가 믿는 일을 위해서 책임지는 편이 낫다.

처방전 → p.179

소소한 심리학 상식

청소년 수면

한동안 타이완에서는 고등학교 등교 시간 연장 문제가 사회의 큰 이슈였다. 교육부도 민의를 반영해 제도를 손봤는데, 메타 분석 연구 결과, 수면과 학업 성취도 사이의 관계만 고려했을 때 중요한 것은 수면 시간의 길이가 아니라 수면의 질인 것으로 밝혀졌다. 이는 교육부의 선의가 반드시 효과를 발휘하지 못할 수도 있다는 뜻이다. 물론 일찍 등교해야 한다는 부담이 사라져 학생들의 수면의 질이 좋아질 수 있다면 잘못된 정책은 아니다. 다만, 수면의 질 향상이 단순히 정책을 조정해서 효과를 거둘 만큼 쉬운 일은 아니라는 것이다. 청소년 시기 수면의 질을 가장 효과적으로 향상할 방법이 무엇인지 한 단계 발전된 연구를 통해 검토할 필요가 있다.

Lesson 20

옳지 않다고 생각되면 하지 마라

앞에서는 옳은 일을 할 때는 타협하지 말라고 언급한 바 있다. 이번에는 조금은 여기에서는 다른 방향의 이야기를 하려고 한다. 옳지 않은 일은 용감하게 거절해야 한다는 것이다. 옳은 일을 안 하는 것보다 잘못된 일을 안 하는 게 더 어렵다. 특히 상대방이 내가 그 일을 할 거라고 기대하는 경우에는 부담이 더 커진다.

예전에 분유업체 홍보 일을 소개받은 적이 있다. 그 업체는 분유에 DHA가 들어 있어서 아이를 더 똑똑하게 만든다고 설명하면서 이 점을 활용하고 싶다고 말했다. 꽤 일리 있는 말 같았지만, 자료를 수집해보니 아기가 먹는 분유에 DHA가 첨가됐어도 이후 아이의 지능이 좋아진다는 증거는 불충분했다. 나는 홍보안을 수정하자고 제안했지만 업체가 거절해 일은 무산

됐다.

노인 심리와 관련한 페이스북 팬 페이지를 운영했을 때도 고수한 원칙이 있었다. 아무 용품이나 추천하지 않는 것이다. 특히 특정 치료 효과가 있다고 강조하는 용품은 무조건 배제했다. 여러 업체에서 다단계와 유사한 방식으로 제품 소개를 요청한 적이 꽤 많았는데, 실제로 그 제품을 써보지 않고 홍보할 수는 없다는 게 내 지론이다.

일을 적게 하면 손해를 볼 수는 있지만, 폭넓게 생각하면 단기적인 손해보다 장기적인 이득이 더 많다는 것을 알게 된다. 나 스스로도 인정하지 않는 일을 하기 위해 긴 시간과 정성을 쏟아 그 일을 완성한다면, 결과적으로 다른 일에 쓸 수 있는 자원과 시간을 낭비한 셈이 될 수도 있다. 내가 인정하지 않는 그 일이 나중에 안 좋은 결과를 초래해서 수습까지 해야 하는 상황은 더 말할 것도 없다.

유감스럽게도 사기와 협잡 등 옳지 않은 방법이 난무하는 요즘 시대에는 자신이 원하는 것을 빨리 손에 넣고 싶어 하는 사람들이 많다. 돈, 권력, 사랑 등 각자 바라는 것을 얻으려고 틈을 노린다. 그게 아니라면 이스라엘 출신 남성 사이먼 레비예프Simon Leviev(다큐멘터리 〈데이트앱 사기: 당신을 노린다〉의 실제 인물)가 어떻게 그 많은 여성을 속여 육체와 돈을 손에 넣고, 러시아계 독일 여성 애나 소로킨Anna Sorokin(드라마 〈애나 만들기〉의 실제 인물)이 뉴욕 사교계를 감쪽같이 속이고 자기 사업에 거액의 투자금을 유치할 뻔했겠는가? 올바른 일 처리가 우리를 단번에 날아오르게 할 수 없을지는 몰라도 계속 노력하면 남보다 결승점에 일찍 도착할 가능성이 크다.

모험은 대가를 지불해야 한다

막대한 이익을 얻을 수 있는 일이 있다면 그 일에 뛰어들 사람은 많다. 중국의 가장 큰 명절인 춘절 기간에 항상 가장 먼저 매진되는 최고 액면가 즉석 복권이 좋은 예다. 하지만 엄청난 이익에 큰 위험이 뒤따르지 않는 경우는 드물다. 이익만 보고 커다란 위험을 간과하는 것은 실로 우려스러운 일이다.

나에게는 좋은 일만 일어나고 나쁜 일은 절대 일어나지 않는다고 낙관하는 사람들이 의외로 많다. 그래서인지 우리는 자신이 마주할 수 있는 위험을 진지하게 바라보기 어렵고, 그만큼 위험평가를 해야겠다는 의욕도 별로 없다. 그런데 **어떤 일을 하기 전에 문제가 없다고 100% 확신하는 경우가 아니라면 언제든지 문제가 생길 가능성이 있다는 것을 알아야 한다. 일이 잘못됐을 때 내가 그 결과를 감당할 수 있는지 스스로 물어봐야 한다.**

문제를 전혀 고려하지 않고 그 일을 하겠다고 결정부터 하는 것은 정말 대담한 선택이다. 물론 어떤 일을 하고 싶을 때 모든 것이 술술 풀리고 나쁜 일은 일어나지 않을 거라고 생각할 수는 있다. 하지만 발생 가능한 리스크에 대해 미리 고려하고 생각해봤다면 문제가 생겨도 최소한 마음의 준비가 된 상태이기 때문에 당황해서 허둥지둥하는 일은 없을 것이다.

앞에서는 일의 위험성에 대해서만 논의하고 일 자체의 옳고 그름의 문제는 고려하지 않았다. 만약 해서는 안 되는 일인데 위험성도 크다면 아무리 장점이 많아도 그 일은 하면 안 된다. 그런데 고민이 되는 경우가 있다. 해서는 안 되는 일이지만 위험성이 크지 않고 잠재적인 이득도 많다면 그 일은 해야 할까 하지 말아야 할까? 이것은 쉽게 선택할 수 있는 문제는 아니다. 나의 경우 인과응보를 믿는 편이라 하면 안 되는 일은 하지 말아야 한다고 생각한다. 지금 당장 피해를 입지 않았다고 해서 나중에도 그렇다는 뜻은 아니기 때문이다. 특히 다른 사람까지 연관돼 있다면 더욱 조심해야 한다. '죄수의 딜레마Prison's Dilemma'라는 유명한 심리학 실험을 예로 들어보자. 이 실험에서 우리는 자백하거나 죄를 부인하거나 둘 중 하나를 선택할 수 있다. 나와 상대방 둘 다 죄를 부인하면 각각 징역 1년을 선고받지만, 나는 부인했는데 상대가 자백하면 나는 징역 20년을 선고받고 상대는 석방된다. 반대로 내가 자백하고 상대가 부인하면 나는 석방되고 상대는 징역 20년을 선고받게 된다. 둘 다 자백하면 각각 징역 5년을 선고받는다. 이처럼 내가 일방적으로 결과를 결정할 수 없는 상황이 발생할 수도 있는 것이다.

하면 안 되는 일은 내려놓자

옳지 않은 일을 하지 않기로 마음먹었을 때 어디로 가야 할지 몰라서 앞이 캄캄하게 느껴질 수 있다. 하지만 대부분의 사람은 옳지 않은 일은 애초부터 계획에 포함하지 않는다. 누군가 옳지 않은 길에 불을 밝히거나 레드카펫을 깐다고 해서 가야 하는 길이라고 착각해서는 안 된다. **길은 사람이 만든다. 우리에게는 아직 다른 선택지가 많이 남아 있으니 길 하나를 포기했다고 해서 아쉬워할 필요는 없다.**

옳지 않은 일은 가능하면 빨리 내려놓아야 한다. 그것이 우리 마음에 잔물결을 일으키기 때문이다. 생각만 할 때는 그럴싸한 것처럼 느껴져 놓기 쉽지 않지만, 실제로 그 일을 하게 되면 생각만큼 아름답지 않다는 것을 알게 된다. 인플루언서가 찍은 영상을 보면 모든 음식이 다 맛있을 것 같고 서비스가 훌륭한 것처럼 느껴지지만 실제로는 놀람보다 실망이 더 큰 경우가 많다. **후회하는 데 시간을 쓸수록 성공할 가능성은 더 멀어진다.**

다른 사람이 안내한 길이 옳은 길이 아니라면, 그 길을 포기하는 대신 내가 손을 좀 봐서 길을 바꿀 수도 있다. 앞서 언급했던 홍보 사례에서 나는 더 많은 사람이 사기를 당하지 않게 당시 썼던 자료들을 이용해 정보를 바로잡고 올바른 지식을 전달했다. 직접적으로 이익을 얻은 것은 아니지만 나에 대한 독자들의 신뢰가 쌓인 계기가 됐다. 이를 통해 내가 이런 사람이라는 걸 알게 된 어떤 누군가가 새로운 기회를 들고 나를 찾아올지 누가 알겠는가?

좀 더 적극적으로 대처하려면 그 길이 정말 잘못됐다는 것을 증명할 방법을 찾아야 한다. 이는 결코 쉬운 일이 아니다. 어떤 일의 옳고 그름을 판단하는 기준이 객관적이지 않고 주관적일 때가 대부분이기 때문이다. 잘못이라고 생각한 일이 사실은 그렇게까지 잘못되지 않았고, 기껏해야 약간의 도덕적 하자만 있는 경우라면 더 말할 필요도 없다. 그러므로 매우 신중하게 고려해야 한다.

작은 악행도 금물

《삼국연의》 제85회를 보면 "물이악소이위지, 물이선소이불위勿以惡小而爲之, 勿以善小而不爲"라는 표현이 나온다. 악한 일이 작다고 해서 행해서는 안 되며, 선한 일이 작다고 해서 행하지 않아서도 안 된다라는 뜻이다. 나는 뭔가를 다짐할 때 항상 이 말을 떠올린다. 사람은 근시안적이라 눈앞의 이익만 보기 쉬워 눈앞의 작은 악행이 이익을 가져다준다면 그 작은 악행들을 저지르고 만다. 그리고 시간이 지나면서 어느새 악행을 행하는 게 버릇이 돼 더 나쁜 일을 저지르는 수렁으로 깊이 빠지게 된다.

요즘처럼 모든 일이 흔적을 남기는 시대에는 과거에 어떤 나쁜 짓을 저질렀는지 아무도 모를 것이라고 착각하면 안 된다. 아주 사소한 부분들이 노출돼 다른 사람이 알게 될 때가 종종 있다. 수년 전에 한 교수가 학술지 심사의 허점을 이용해 스스로 자신이 투고한 논문의 심사위원이 된 적이 있었다. 이미 여러 번 성공을 거둔 수법이었는데 뭔가 이상하다고 느낀 편집자 덕분에 덜미가 잡혔다. 해당 교수가 다른 학자 행세를 하며 가짜 이메일 수신함을 만들어 투고 논문 심사와 관련한 메일을 받는 데 사용한 사실을 알아낸 것이다. 결국 성공의 지름길이라 여겼던 작은 악행이 연구 윤리를 심각하게 위반한 대가로 변해 그는 무거운 처벌을 받았다.

규칙을 잘 준수하지 않는 이들은 규정이 형편없어서 지키지 않는 것이라며 자기 합리화를 하기 마련이다. 원래는 잘못된 일이 아닌데 규정 때문에 잘못된 일처럼 됐다고 생각한다면, 규정을 무시할 것이 아니라 규정을 바꿀 생각을 하는 편이 더 바람직하지 않을까?

첫째, 이익에 사로잡혀 옳고 그름을 판단하지 못한다. "중상지하, 필유용부重賞之下, 必有勇夫"라는 말이 있다. 큰 이익이 걸려 있으면 사람들을 끌어들이기 쉬워 반드시 위험을 무릅쓰는 사람이 나타난다는 뜻이다. 뭔가 필요한 것이 있을 때 이익은 더 큰 힘을 발휘한다.

둘째, 나쁜 짓을 저지르고 있다고 생각하지 않는다. 어떤 일이 좋은 일인지 나쁜 일인지 도통 판단하기 어려울 때가 있다. 각자의 관점과 생각이 다르기 때문이다. 이는 우리가 나쁜 짓을 저지르고 있다는 것을 깨닫기 어려운 이유이기도 하다.

처방전 → p.179

소소한 심리학 상식

지능을 높이는 방법

여러 연구를 통해 지능과 성공 사이의 관계가 예전만큼 긴밀하지 않다는 것을 알게 됐지만, 자녀가 더 똑똑해지기를 바라는 부모는 여전히 많다. 업자들은 이 '페인 포인트'를 놓치지 않고 합리적으로 보이는 다양한 방식을 통해 돈을 번다. 하지만 실질적으로 효과가 있는 방법은 별로 없다. 앞서 언급한 것처럼 분유에 DHA를 넣는다든지 아이에게 모차르트 음악을 들려준다든지 하는 것도 마찬가지다. 그렇다고 전부 다 터무니없는 소리는 아니지만, 결과는 하나같이 들쑥날쑥하다. 현재까지 안정적으로 지능을 향상할 방법은 N-back을 통한 훈련법이다. N-back 훈련이란 지금 눈에 보이는 것과 n번째 전$_{back}$의 것이 같은지 비교하는 것으로, 2-back에서는 1, 3, 4, 3, 5, 6……의 순서로 나오는 숫자열을 보고 숫자 4가 떴을 때, 4와 4보다 2번째 전에 나온 숫자, 즉 1이 맞는지 비교한다. 또 두 번째로 나온 3이 뜨면 3과 3보다 2번째 전에 나온 숫자, 즉 3과 동일한지 비교한다. 난이도가 낮은 작업처럼 보이지만 실제로 해보면 정말 어렵다. 앞에 나왔던 숫자들을 기억하면서 비교도 해야 한다. 만약 n이 크면 난이도가 더 올라간다. 관심 있다면 N-back 훈련을 할 수 있는 앱들이 있으니 참고하기 바란다.

심리학 처방전

Q17. 왜 규칙적으로 일하고 쉬는 사람을 부정적으로 볼까?

처방전1 정해진 시간에 일하고 쉬는 사람은 평소 자기 일을 잘하는 것은 물론이고 다른 일을 할 여유까지 있는 사람이다.

처방전2 제한이 있는 것이 진정한 자유일지 모른다고 주의를 환기시키자.

Q18. 왜 적절하게 계획할 수 없을까?

처방전1 계획할 때 내가 그 계획에 대해 얼마큼 만족하는지 평가해야 한다. 미리 평가하면 나중에 후회할 일이 줄어들어 계획이 주는 이점을 제대로 느낄 수 있다. 이 방법에 익숙해지면 계획을 일과처럼 만들 수 있다.

처방전2 처음에는 계획을 조금 느슨하게 세워보자. 자신의 능력을 파악해가며 계획을 따라잡을 수 있게 서서히 조정하면 된다.

Q19. 왜 자신의 의견을 견지하지 않을까?

처방전1 소신을 밀어붙이기 전에 다방면으로 생각하고 자신의 상태를 점검해야 한다. 이를 바탕으로 어떻게 할지 정했다면 나를 위한 이정표를 세우고 착실하게 꿈을 구축해나가자.

처방전2 나에게 어떤 권리와 의무들이 있는지, 내가 감당할 수 있는 범위에 있는 것들인지 확인한 다음, 과감하게 추진하되, 결과를 감당할 수 없다면 반드시 조정해야 한다.

Q20. 왜 알면서도 잘못을 저지를까?

처방전1 이익이 아무리 크더라도 손해가 더 크다면 행동으로 옮길 만한 가치가 없다. 그러므로 일을 시작하기 전에는 반드시 위험 평가를 실시하자.

처방전2 나와 다른 생각을 가진 친구에게 판단을 부탁해보자. 내가 하는 일이 옳은지 그른지 판단하는 데 도움이 된다.

Section 3

나를 온전히 받아들이기

겸손

해탈

겸손

자신의 부족한 점을 인정하는 것을
좋아하는 사람은 없다. 하지만
억지로 강한 척하기보다 겸손하게
부족한 점을 마주하는 것이 더 떳떳하며,
성장할 기회도 얻게 된다.

Lesson 21

자만하지 않아야 성공할 수 있다

2021년 US오픈 테니스 대회 여자 단식 우승자 에마 라두카누Emma Raducanu는 열여덟 살이라는 어린 나이에 와일드카드로 출전해 결승전까지 진출하며 세간을 놀라게 했다. 대다수 사람들은 그녀의 우승이 불가사의하다는 반응을 보였는데, 혹시 경험 많은 상대 선수들이 왜 그녀에게 졌는지 생각해봤는가? 여러 원인이 있겠지만 대회에 첫 출전한 어린 선수를 얕본 것도 패배의 원인 중 하나일 것이다.

경쟁을 벌이는 모든 곳에서는 실력만 겨루는 것이 아니라 태도와 운도 중요하다. 이 세 가지를 모두 갖췄다면 승리할 확률이 높다. 팝의 여왕 테일러 스위프트는 이미 수많은 상을 거머쥐고 꾸준히 앨범 판매 차트를 석권하면서도 외부 평가에 대해 늘 겸손한 태도를 보인다. 그녀는 자신의 이야기를 담은 다큐멘터리 〈미스 아메리카나Miss Americana〉에서 그래미상에 노미네이트되지 못한 앨범에 관해 이야기하며 이렇게 말했다.

> "그냥 더 좋은 앨범을 만드는 수밖에 없어."

운은 우리 마음대로 통제하지 못할 수 있지만 태도와 실력은 통제할 수 있다. 그런데 사람들은 쉽게 현실에 안주해서 충분히 잘했다고 생각하면 더 잘하라고 자신을 채찍질하지 않는다. 이런 마음가짐이라면 경쟁 상대에게 추월당하는 것은 시간문제다. 명성이 높을수록 다른 사람의 시기와 공격을 받기 쉬워 금방 다른 사람이 모방하고 도전하는 대상이 된다.

택시 앱을 예로 들어보자. 우버Uber가 타이완 시장에 진출하기 전까지 사람들은 대부분 전화로 택시를 불렀고, 앱을 이용하는 경우는 매우 드물었다. 익숙한 방법을 이용한 것도 있지만, 당시 택시 앱들은 사용하기 어려웠다. 우버는 앱을 주로 이용하는 젊은 유저들의 사용 습관에 기반해 새로운 택시 앱을 선보였다. 거기에 각종 탑승 혜택을 더해 시장에 성공적으로 진출했다. 우버의 합류로 시장이 과도하게 분할되는 것을 염려한 메이저 택시 회사들도 이후 잇달아 자사 앱을 개선했다.

훌륭한 사람을 보면 본보기로 삼아라

어떤 위치에 있던 훌륭한 사람을 보면 본받으려고 하는 자세가 중요하다. 내가 어떤 분야에서 아직 선두가 아니라면 나보다 뛰어난 사람들에게 많이 배우면서 그들이 왜 나보다 뛰어난지 알아내야 한다. 어느 분야의 걸출한 실력자라 할지라도 언제나 완벽하게 일하는 것은 아니다. 따라서 다른 사람의 방법을 많이 보고 배우는 작업이 필요하다.

일을 잘하는 방식은 여러 가지다. 2020년 도쿄 올림픽 여자 사이클 개인 도로 부문 금메달리스트 안나 키센호퍼Anna Kiesenhofer는 전문 코치의 도움 없이 혼자 훈련하고 뛰어난 수학 연산 능력으로 자기에게 맞는 승리 공식을 만들었다. 만약 안나 키센호퍼에게 패배한 선수라면 다음 시합 때는 승률을 높이기 위해 안나처럼 맞춤형 공식을 만들어보면 좋을 것이다.

우리는 성공에 이르는 방식이 한 가지뿐이라고 잘못 생각할 때가 많다. 그래서 그 방법을 마스터하면 쉽게 자만하고 그렇지 못할 때는 그 방법을 마스터를 해야만 성공할 수 있다고 착각한다. 이런 편견이 생기면 스스로 더 발전할 기회를 놓친다. 심지어 내가 그 조건을 갖추지 못해서 성공하지 못하는 거라고 생각해 포기해버릴 수 있다.

케이크를 굽는다고 해보자. 이때 베이킹파우더를 넣을지 아니면 머랭만으로 반죽을 부풀릴지 선택할 수 있다. 처음 케이크를 만들 때 베이킹파우더를 써서 결과물이 좋았던 사람은 그것에 만족해 다른 방법은 시도하지 않을 수 있다. 그렇게 되면 베이킹파우더 없이는 케이크를 만들 줄 모르는 사람이 된다. **다른 사람의 성공법을 많이 배워두는 것은 자신의 성장에 도움이 될 뿐 아니라 불시에 요긴하게 쓸 수 있는 대안을 마련하는 것이기도 하다.**

제자리에 머물러서는 안 된다

"배움은 물살을 거슬러 오르는 배와 같아서 앞으로 나아가지 않으면 퇴보한다學如逆水行舟, 不進則退"는 말이 있다. 이는 배움에만 국한한 것이 아니라 모든 일에 해당하는 말이다. 탁월함을 추구할 생각이 없더라도 쉽게 자기만족에 빠지면 안 된다.

요즘처럼 빠르게 변화하는 시대에는 한 가지 일만 정통해서는 먹고 살기 힘들다. 꾸준히 발전하지 않으면 스스로를 점차 힘든 상황으로 몰아가다가 자신에게 경쟁력이 전혀 없다는 것을 뒤늦게 발견할 수 있다. 직장이 안정적이고 주변 동료들이 대부분 10년 이상 경력을 가지고 있다면 더 조심해야 한다. 현실에 안주하기 쉬운 집단일지도 모른다.

외부 환경이 변화를 요구하지 않아도 항상 똑같은 방식으로 일하지 말고, 스스로 발전을 독려하는 습관을 들여야 한다. 다른 방식으로 하는 것이 현재 방식보다 낫다는 보장은 없지만, 비교 대상이 생기면 현재의 방식에 어떤 강점과 약점이 있는지 발견할 수 있다. 팟캐스트를 녹음할 때 가끔 게스트들을 초대해서 대담 형식으로 진행했던 적이 있는데, 코로나19로 난관에 부딪혔다. 비대면 시기였기에 게스트들과 어떻게 동시 녹음을 진행해야 할지 몰랐기 때문이다. 다행히 오디오 믹싱 설비 이용법을 아는 지인의 도움으로 녹음을 마칠 수 있었다. 이후 나는 오디오 편집을 배워 도움 없이 혼자서도 동시 녹음을 할 수 있게 됐다.

상황은 계속 변한다. 한때 최선이던 해법이 항상 최선이 아닐 수 있기에 정기적으로 스스로를 점검해보는 것은 그만큼 가치가 있다. 업무상 나는 내가 사용하는 것과 다른 툴을 쓰는 주최 측에 협조해야 할 때가 종종 있는데, 덕분에 여러 온라인 플랫폼의 장단점과 오프라인으로 브리핑하는 다양한 방법을 알게 됐다.

자기계발은 습관처럼 하라

계속 발전해야 한다는 것이 큰 부담처럼 느껴지겠지만 자기계발을 습관처럼 여기고 익숙하게 만들면 부담스럽지 않게 된다. 매번 얼마만큼 발전해야 하는지 묻는다면, 많이 발전하려 욕심내지 않아도 된다고 말해주고 싶다. 일본 전자상거래 선도 기업 라쿠텐Rakuten의 미키타니 히로시三木谷浩史 사장은 **365일간 매일 1%씩 성장하면 1년 후의 나는 지금보다 37배 강해져 있을 것이라고 스스로를 독려했다.** 처음 이 말을 접했을 때는 이해하기 힘들어 시산표trial balance로 그 말이 사실인지 아닌지 계산해보기도 했다. 매번 전보다 1% 성장한다는 말이 듣기에는 별로 어렵지 않을 것 같지만, 이 말에는 '꾸준히 할 수 있어야'만 성장한다는 뜻이 담겨 있다.

자기 능력을 향상하는 방법은 많다. 나에게 가장 적합한 방법을 선택해서 내 속도대로 자기계발을 하면 된다. 가장 어려운 것은 변화를 향해 내딛는 한 걸음이다. 줄곧 베이킹을 배우고 싶었지만, 장비부터 재료까지 시작도 하기 전에 준비해야 할 것이 너무 많아 선불리 엄두를 내지 못했다. 하지만 요즘은 베이킹 클래스가 많아서 재료나 기구를 직접 준비하지 않아도 된다. 수업을 열심히 듣는다면 그토록 원했던 디저트를 완성할 수 있을 것이다. **입문 문턱을 낮게 설정하고 스스로 그 문턱을 뛰어넘을 동기를 부**

여해보자. 일단 흥미를 붙이고 성취감을 느끼면서 자기계발에 대한 의욕을 높여 나가면 된다.

매일 통근길에 지식 전달 프로그램을 듣는 것이 전부라고 해도 오랜 시간 쌓이다 보면 그것이 엄청난 변화를 가져올 수 있다. 차량 블루투스 시스템이 고장 나서 내가 듣고 싶은 음악을 스트리밍할 수 없을 때가 있었다. 그래서 어쩔 수 없이 라디오 방송을 들었는데 어느새 경제 지식이 꽤 많이 쌓였다. 재경 전문가가 됐다고 말하기는 힘들지만, 적어도 투자 분야에서 내가 어떤 태도를 취해야 하는지 판단할 정도는 된다.

여전히 어떻게 해야 할지 모르겠다면, 다음 그림처럼 구궁격九宮格(3×3으로 나뉜 아홉 칸)을 만들어 칸마다 자기계발할 수 있는 일을 적고 무작위로 하나를 골라서 해보자. 너무 어려운 일을 적을 필요는 없다. 실패하더라도 좋은 자극이 될 것이다.

예시 팟캐스터가 되기 위한 구궁격 활용법

안 들어본 팟캐스트 듣기	짧은 글 낭독하면서 녹음하기	오디오 편집 프로그램 사용법 연습하기
해당 분야의 팟캐스트 상위 3개 프로그램 로고 디자인 비교하기	팟캐스트 1회분 업로드하기	친한 친구에게 맛보기로 녹음한 목소리 들려주기
라디오 프로그램에 전화 연결하기	어떻게 팟캐스트를 업로드할지 생각하기	팟캐스트 1회 개요 정리해보기

첫째, 스스로를 완벽하다고 생각한다. 어떤 사람들은 스스로 완전무결하다고 생각해서 자신이 부족하다는 사실을 받아들이지 못한다. 그런데 결점이 있는 건 정상이다. 완벽주의를 내려놓아야 발전할 수 있다.

둘째, 결함의 아름다움을 보지 못한다. 울퉁불퉁한 감자가 생명력도 강하고 더 맛있는 것처럼 결함은 나쁜 것이 아니다. 우리가 어떤 일을 잘했더라도 그 이유를 모르면 다음에도 그만큼 잘할 수 있다는 보장은 없다. 하지만 실패하더라도 그 원인을 검토하면 나중에 잘할 수 있는 확률이 높아진다. 결함과 실패는 우리에게 단점보다 더 많은 장점을 가져다준다.

처방전 → p.213

소소한 심리학 상식

성공의 공식

성공 방정식이라는 것이 실제로 존재할까? 《포뮬러》의 저자 알버트 라슬로 바라바시Albert-László Barabási는 빅데이터 분석을 통해 꽤 흡인력 있는 다섯 가지 성공 법칙을 추론했다. 우리는 연산하기에 앞서 몇 가지를 정의할 필요가 있는데, 성공이란 대체 무엇일까? 어떤 기준으로 그들이 진짜 성공했는지 안 했는지를 정의할 수 있을까? 우리가 어떻게 정의하는지에 따라 다른 결과를 얻을 것이다. 또한, 다른 요소를 고려한다면 추론한 성공 방정식도 달라진다. 하지만 체계적으로 자신의 행동과 최종 성과를 기록해서 통계학 연산과 접목할 의지만 있다면 나만의 성공 방정식을 만들 수 있다. 다른 도구를 통해 추론한 공식보다 효과적으로 성공을 예측할 수 있을 것이다.

Lesson 22

계속 제자리라면 백기를 들어야 할 때

인문사회과학 분야에 이프라임E-Prime이라는 실험 소프트웨어가 있다. 이 프로그램은 조작법도 쉽고 확장성까지 갖춰 인기가 좋다. 예전에 이프라임 사용법을 책으로 낸 적이 있는데, 그 책을 읽었거나 알고 있는 사람이 꽤 많았다.

이 프로그램에 관한 내 일화를 풀자면, 사실 나는 군대를 전역하고 이프라임을 처음 접했다. 처음 사용했을 때 온종일 설명서를 들여다봤지만 도통 이해가 안 돼서 관두고 싶을 정도였다. 그때 괴로워하는 날 보고 후배 한 명이 "선배님, 제가 어떻게 사용하는지 알려드릴게요"라고 말했다. 그 후배 덕분에 나는 금방 감을 익힐 수 있게 됐다. 그 후로 무언가를 새롭게 배울 때면 무작정 애쓰기보다 30분 정도 스스로 답을 찾는 시간을 가진다. 그래도 답을 못 찾겠다 싶으면 일단 내버려둔다. 하루 종일 고민해도 안 되는 경우가 있기 때문이다.

박사과정을 밟을 때는 학과 차원에서 해당 프로그램의 애프터서비스를 받을 수 있어서 해결할 수 없는 문제가 생기면 프로그램 제조업체에 직접 도움을 청하곤 했다. 그런데 이 업체는 참고용으로 비슷한 코드만 보내주고 직접 코딩해주지는 않았다. 해답을 주는 게 아니라 해답을 찾는 방법을 알려준 것이다. 이를 풀기 위해 아등바등하다 보니 실력이 더 빠르게 늘었던 것 같다. 그래서 나는 학생들에게 프로그램 사용법을 가르칠 때면 "30분 동안 해도 진전이 없으면 계속 붙들고 있지 말고 나한테 물어봐요"라고 말한다. 학생들이 찾아오면 답을 알려주는 대신 질문을 던진다. "코드로 뭘 하고 싶은 거죠?" 그런 다음 학생이 원하는 목적을 달성하는 데 코드가 도움이 되는 방법을 안내한다.

일을 할 때도 생각이 막히는 순간이 있다. 그때 누군가 힌트를 주면 답을 알아낼 가능성이 커진다. 다시 말해, 우리는 능력이 부족한 것이 아니라 단지 올바른 방법을 떠올리지 못해서 막히는 것뿐이다. 그럴 때는 너무 딱딱하게 굴 필요 없이 힌트를 참고하면 수고를 덜 수 있다.

어렸을 때 1년 동안 미국에서 지내며 〈휠 오브 포천Wheel of Fortune〉이라는 퀴즈쇼를 즐겨봤다. 참가자들이 돌아가면서 정답 단어에 포함돼 있을 법한 알파벳을 추측하는 게임이었다. 참가자가 부른 알파벳이 정답에 있으면 낱말 판에 해당 알파벳의 위치를 보여준다. 참가자는 자음만 부를 수 있고 모음은 부를 수 없다. 모음은 금액을 지불해야만 부를 수 있는데, 금액을 지불해서 모음을 부를 기회를 얻는 것은 정답을 맞추는 데 상당히 도움이 된다. 정답 단어에 어떤 모음이 들어가는지 알면 정답을 맞히는 데 유리하기 때문이다. 돈을 주고 힌트를 얻는 게 누군가는 비겁한 방법이라고 생각할 수 있지만, 이는 쉽게 성공하도록 도와주는 것이지 나쁜 일이 아니다.

부족한 것을 인정하는 것과 포기하는 것은 다르다

누군가의 도움을 받거나 정답에 대한 힌트를 얻는 것이 옳지 않은 행동이라 여길 수 있지만, 나는 포기하는 것보다 나은 결정이라고 생각한다. 규정을 어기는 것만 아니면 자신의 부족한 점을 인정하고 도움을 받는 건 전혀 문제 되지 않는다. 물론 그 경계가 모호할 때도 있다. 아이가 어떻게 숙제해야 하는지 모른다고 해보자. 부모로서 도와주고 싶지만, 그것은 아이 대신 숙제를 해주는 것이 되므로 도와줘야 할지 고민이 된다. 이럴 때 나는 아이에게 "내가 처음부터 끝까지 숙제를 같이하겠지만 너 혼자서도 다시 해 봐야 해. 그래야 내가 도와주지 않은 게 되니까"라고 말한다.

목적을 이루기 위해 수단과 방법을 가리지 않는 것이 어떤 의미에서는 포기하는 것보다 나을 수 있다. 이는 내가 목적 달성을 위해 애쓰고 있다는 것을 보여주는 행동이기 때문이다. 가끔 시험지 답안에 한 자도 안 쓰고 백지를 내는 학생들이 있다. 이유를 물어보니 "답을 모르는데 왜 억지로 맞지도 않는 답을 써내 점수를 따야 하죠?"라고 답했다.

나도 학창 시절에 열심히 공부했지만, 그에 비해 시험 성적이 만족스럽지 못했던 경험이 있기에 학생들이 왜 시험을 준비하는 대신 포기하는 쪽을 택하는지 이해는 간다. 하지만 "노력해도 소용없으니까 차라리 노력하지 않는 것이 낫다"라는 말은 포기한 자신을 덜 비참해 보이게 하려는 핑계에 불과하다. 진심으로 포기하지만 않으면 기본적인 조건 정도는 갖추게 해줄 방법들은 반드시 찾을 수 있다.

요즘은 대학교수도 정기적으로 학교에서 평가(기업의 실적 평가와 비슷한 방식이다)를 받는다. 평가에 통과하지 못하면 심한 경우 임용 기간이 연장되지 않을 수도 있다. 심사 기준이 내가 생각하는 이상적인 지표와 격차가 있어도 학교나 회사마다 기준 지표가 있으니 우리는 그에 따라야 한다. 나는 어떤 방법을 써야 최소한의 노력으로 심사를 통과할 수 있을지 언제나 고민한다.

우리가 어떤 일을 포기하고 싶을 때는 도저히 어떻게 할 방법이 없거나 그 일이 나를 너무 힘들게 하기 때문일 것이다. 만약 후자라면 힘들게 하는 부분에 대해 다른 사람에게 도움을 요청해보자. 그러면 그렇게 빨리 그 일을 포기할 필요가 없었다는 것을 알게 될 것이다.

부족한 점을 마주하는 것은 성장의 계기가 된다

내가 뛰어나지 않다는 것을 인정하는 일은 쉽지 않다. 하지만 자신의 부족한 점을 마주해야만 그 기회를 빌려 성장할 수 있다. 면접관이 면접자에게 약점에 관해 물었을 때 그 질문의 핵심은 나에게 어떤 약점이 있느냐가 아니라 그 약점을 어떻게 대하는지 알고 싶은 것이다. 스스로 부족한 부분이 무엇인지 알아야 그 부분을 어떻게 보완하는지도 알 수 있다. 단체 스포츠 경기를 보면 무엇이든 다 잘하는 선수는 드물다. 그들도 각기 자신이 잘하는 위치에서 부단한 힘과 노력을 들여 경쟁력을 확보한다. **부족한 점을 대하는 올바른 태도는 패배를 인정하는 것이 아니라 그것을 마주하고 다짐하는 것이다. 능력이 부족해도 눈부신 성과를 거두고 싶은 마음이 간절하다면 장점은 살리고 단점을 보완하는 계획을 세우면 된다.**

그런데 어떻게 해야 자신이 어떤 부분에서 능력이 좋고 나쁜지를 알 수 있을까? 많은 사람이 심리학계의 보고寶庫라고 하는 적성 검사가 최선의 방법이라고 생각한다. 찬물을 끼얹고 싶지 않지만, 외부 환경이 빠르게 변하는 지금은 대부분의 적성 검사가 시대에 뒤떨어진 지 오래라 현대인의 능력을 반영할 수 없다. 오히려 인터넷을 많이 사용하는 현대인에게는 인터넷 사용 궤적이 더 도움이 된다.

적성검사보다는 다양한 경험을 통해 자아 탐색을 시도해보자. 학생이라면 시험 점수에 얽매이지 말고 좋아하는 것을 찾아보거나 직장인이라면 자기 삶에 일밖에 없다고 생각하지 않는 것이다. 자아 탐색에 많은 시간을 쓸 필요는 없지만 반드시 해봐야 하는 작업이다.

억지로 갈 필요가 없는 길이 있다

모든 일을 잘하는 것이 마치 성공한 사람들의 디폴트 값인 것 같지만, 모든 일을 완벽하게 할 수 있는 사람은 기본적으로 존재하지 않는다. 완전무결한 사람이 되는 것에 집착하기보다 나의 장단점을 분명하게 아는 것이 더 중요하다. 나에게 맞지 않는 일을 꼭 해내야 한다고 스스로를 몰아세울 필요 없다는 이야기다.

2년여 전 틱톡TikTok 등 숏폼Short-form이 한창 유행할 때 나도 사람들의 기대 속에 이를 시도해봤다. 그런데 나와 정말 맞지 않았다. 이득이 되는 일에 내가 맞지 않다는 것을 아는 것은 그만큼 손해가 생긴다는 뜻이기도 하지만, 이는 당연한 일이다. 그러니 그 손해를 마치 세상이 끝나기라도 한 것처럼 심각하게 받아들일 필요는 없다. 예상 가능한 손해이니 미리 준비해서 손해를 최소화하면 된다.

내가 만능이 아니라는 것 말고도 우리가 알아야 할 잔혹한 사실이 한 가지 더 있다. 그것은 내가 꼭 어떤 분야의 고수가 될 수 있는 것은 아니라는 것이다. 무조건 최고가 되려고 하는 것보다 내 주제를 알고 나에게 맞는 목표를 좇는 것이 더 나은 선택이다.

Q22 왜 내려놓지 못할까?

첫째, 능력 부족을 부끄럽게 여긴다. 우리 사회는 자신의 부족한 점을 인정하는 것과 노력 부족을 같은 선상에 놓고 보는 경향이 있다. 물론 노력하면 잘 못하는 일에서도 탁월한 성과를 보일 수 있다는 점은 부인하지 않겠다. 하지만 능력이 부족한 것과 노력하지 않는 것은 다르다. 자신이 잘 못하는 일에 두 배의 시간을 들이는 것보다 이를 인정하고 잘하는 일에 시간을 쓰는 것이 더 낫다.

둘째, 자신이 무엇을 원하는지 모른다. 생각보다 많은 사람이 자신이 무엇을 원하는지 몰라서 사회가 요구하는 가치를 좇아 노력한다. 하지만 이런 식의 노력은 오히려 시간만 낭비할 뿐이다. 처방전 → p.213

소소한 심리학 상식

적성 발전시키기

자기 능력에 맞는 일을 하고 강한 동기까지 있는 사람이라면 성공할 확률이 아주 높다. 그런데 동기는 있지만 능력이 부족한 경우나 능력은 있지만 동기가 부족한 경우에는 어떻게 해야 할까? 메타 분석 결과, 음악가나 운동선수 같은 전문가들에게는 타고난 재능이 중요한 것으로 나타났다. 연습 시간의 길이가 성과에 미치는 영향은 12퍼센트 정도로 미미한 편이었다. 또 다른 연구 결과에 따르면 능력과 동기는 모두 성공에 영향을 주지만, 둘 사이에 반드시 관련성이 있는 것은 아니다. 타고난 능력이 있어도 어떤 일을 하고 싶다는 강한 동기를 계속 유지하지 않으면 실패하기 쉽다. 가능하다면 선천적으로 재능이 있는 분야에서 노력하면 더 좋겠지만, 노력 말고도 우리가 할 수 있는 것은 많다. 그러므로 천부적인 재능은 부족할지라도 열정과 노력할 의지가 있다면 자신의 꿈을 좇을 수 있다.

Lesson 23

더 잘할 수 있는 사람이 있다면 내어줘라

어렸을 때 전자 제품에 문제가 생기면 외할아버지가 와서 수리해주셨다. 할아버지는 실력 좋은 엔지니어라 전기와 관련한 문제는 언제나 해결했다. 그래서 전자 제품 수리법을 배우지 않는 아버지가 좀 게으르다고 생각했다. 그런데 어른이 되고 보니 아버지야말로 진정한 고단수라는 것을 깨달았다. 자신이 제품 수리에 영 소질이 없다는 것을 알고 방법을 찾는 데 시간을 들이기보다 외할아버지에게 도움을 청한 것이다. 그렇다고 해서 아버지가 받기만 한 것은 아니다. 맛있는 음식이 있을 때면 언제나 외할아버지를 챙겨드렸고, 이렇게 자주 왕래한 덕에 가족이 더 화목해졌다.

예전에 나는 무엇이든 혼자서 하는 걸 좋아했다. 대학교 때 학교 동아리 회장을 맡았을 때도 다른 사람에게 부탁하기보다 모든 일을 나 혼자 끌어안았다. 그런데 이건 최악의 방법이다. 나를 지치게도 했지만 할 일을 찾지 못한 동아리 임원들까지 동아리와 멀어지게 했다. 다행히 큰 규모의 행사를 함께 준비하면서 동아리 운영 방침은 바뀌었고 동아리에는 전에 없던 활기와 응집력이 생겼다.

지금의 나는 내 장단점을 잘 안다. 그래서 어떤 일에서는 주저 없이 다른 사람의 도움을 구한다. 예를 들면 가구 조립 같은 것이다. DIY로 조립하는 과정을 좋아하는 사람들이 있지만 나와는 맞지 않는 일이다. 설명서도 자세히 봐야 하고 공간 능력도 좋아야 하는데, 나에게는 둘 다 부족해 이런 일이 있을 때는 전문가에게 요청한다. 돈은 좀 들어도 가구 조립하느라 들이는 나의 시간과 쌓이는 스트레스보다 훨씬 이득이 되는 투자다.

요즘에는 청소는 물론이고 물건 정리를 해주거나 대신 줄을 서주는 등 다양한 서비스를 이용할 수 있다. 내가 못하는 부분은 과감히 다른 사람의 능력을 이용하고 대신 나에게 가장 중요한 일에 자원을 쓸 수 있게 하는 것이다. 한정판 제품을 사려고 줄을 서느니 돈을 더 쓰더라도 경매 사이트에서 사는 편이 누군가에게는 더 나을 수도 있다. 단, 단순히 게을러서 돈으로 서비스를 사는 것이라면 이는 재산을 축내서 스스로를 더 빈곤하게 할 뿐이다.

사람마다 잘하는 게 있다

아이들이 보는 만화나 애니메이션, 어른들이 보는 드라마나 영화에는 어딘가 좀 부족해 보이는 사람들이 주인공으로 나와 서로의 장점을 기반으로 눈부신 성과를 거둔다. 우리도 살면서 이런 생활철학을 따라 주변 사람들에게 어떤 능력이 있는지, 나는 또 어떤 능력을 발휘해 서로 도움을 주고받을 수 있는지 알아야 한다.

심리 검사를 활용하는 워크숍이 많이 열린다. 행동유형검사 DISC Dominance, Influence, Steadiness, Compliance Personality Test, 성격유형검사 MBTI Myers-Briggs Type Indicator 등으로 사람을 분류하고, 이를 바탕으로 조를 나누어 활동하는 방식이다. 이런 분류 방식은 평소 우리가 친구를 찾는 방식과는 사뭇 다르다. 우리는 보통 나와 성격이 비슷한 사람에게 끌리고, 연구 결과도 이런 방식이 더 화기애애한 집단을 이룰 수 있다는 걸 보여준다. 그런데 집단 구성원이 함께 임무를 수행할 때 유사성은 장점이 아니라 오히려 성공을 가로막는 장애물이 된다. 그래서 경험 많은 팀장은 직원을 뽑을 때 지원자의 능력치만 고려하는 것이 아니라 그 사람의 능력이 팀에서 어떤 부분을 채워줄 수 있는지를 고려한다.

요즘처럼 소셜네트워크서비스가 활성화된 시대에는 사람들이 필요한 것이 있으면 SNS에 주로 묻는다. 모든 사람의 장점을 선용하는 방법인 만큼 잘 활용해보기를 권한다. 그리고 가능하다면 전공이 다른 사람들을 많이 만나 인맥을 넓혀보자. 나는 학교에서 심리학만 강의하고 있지만, 졸업한 학생들이 다양한 분야에서 성장하고 있어 덩달아 내 인맥도 풍부해지고 있다. 이런 나에게 친구들은 농담처럼 "너는 무슨 말만 하면 그 분야에서 일하는 제자가 있다고 하는데, 대체 제자가 없는 분야가 있기는 한 거야?"라고 말한다.

도움이 필요하다면 기꺼이

도움이 필요할 때 누군가 손 내밀어 주기를 바란다면 평소에 남을 돕는 데도 발 벗고 나서야 한다. 오지랖이 넓어 보일 수도 있지만 나는 시간이 허락하는 한 도움이 필요한 친구를 보면 선뜻 나서서 도와준다. 언젠가 박사 학위 과정을 밟던 친구가 공부 때문에 불안해하는 것을 보고는 학술계의 암묵적인 관행을 알려주며 불안감을 덜어주었다. 간단한 영상 편집이 필요한 지인을 돕기도 했다.

이렇게 누군가를 도와주다 보면 내게 생각지 않은 이득이 생기는 경우가 있는데, **진짜 중요한 것은 내가 도와준 사람이 나에게 보답하기를 기대하며 도와주는 것은 금물이라는 것이다.** 남이 나에게 도움을 청하든 내가 남을 돕고 싶든 간에 고려해야 할 것은 오로지 도움을 줄 수 있는 능력이 나에게 있는지다.

물론 예외도 있다. 껄끄러웠던 관계의 사람이 도움을 요청할 때는 도와주려 애쓰지 않아도 된다. 마음에도 없는데 억지로 상대에게 우호적으로 대할 필요는 없다. 그래도 가능하다면 너무 깊이 생각하지 않는 편이 좋다. 미래에 어떤 일이 일어날지 모르기 때문이다. 한번은 그렇게 친하지 않은 선배에게 도움을 준 후 그가 논문 심사 때 나를 입에 침이 마르도록 칭찬했다는 이야기를 전해 들었다.

사회에 기여하는 것이 사회가 발전하는 비결

얼마 전에 아이들과 영화 <극장판 짱구는 못말려: 수수께끼! 꽃피는 천하떡

잎학교〉를 봤다. 이번 편은 인공지능을 통해 학생을 관리하는 엘리트 양성 학교에서 벌어진 소동을 다뤘는데, 혼란을 매듭짓기 위해 인공지능이 선택한 엘리트와 짱구 일행이 대결을 벌이고, 이기는 쪽이 앞으로 학교의 향방을 결정하는 내용이었다. 앞부분 내용은 다소 황당하게 전개되지만, 모든 캐릭터가 저마다의 능력을 발휘하며 마침내 짱구 일행이 엘리트를 이기는 동화 같은 결말로 마무리된다. **사회가 안정적으로 발전할 수 있으려면 엘리트 지도자 혼자 힘으로는 부족하며 모든 사람이 능력을 발휘할 기회가 있어야 한다.**

현실에서도 엘리트주의자들은 권력 장악을 위해 사람들에게 저마다의 장점을 발휘할 기회를 주는 걸 꺼려한다. 심지어 사람들이 현실에 안주하고 맞지 않은 일을 하길 바라며 터무니없는 규칙들을 만든다. 신생팀이나 대기업에서 근무한 경험이 있다면 이 말이 더 크게 와닿을 것이다. 자기 주관이 뚜렷한 독불장군 타입이 대기업에서 오래 머물지 못하는 것은 어찌 보면 당연하다.

자신의 부족한 점에 대해 사람들의 충고를 받아들이고 겸손한 팀장은 팀 전체 입장에서는 최고의 복지다. 팀 내 나보다 일을 잘하는 사람이 있다면, 그 사람에게 무대를 양보하고 실력을 발휘하게 해야지 혼자 모든 영광을 끌어안아서는 안 된다. 그래야 팀원들도 리더를 믿고 따르며, 더 좋은 성과를 얻기 위해 노력한다.

Q23 왜 다른 사람에게 도움을 요청하지 않을까?

첫째, 사람을 믿지 않는다. 나도 가끔 누군가에게 도움을 청하기 꺼려질 때가 있다. 다른 사람이 내 기준을 만족시킬 만큼 일을 잘할 거라는 생각이 들지 않아서다. 하지만 내가 시간과 노력을 들여도 만족하지 못할 수 있는데 굳이 자신을 괴롭힐 필요가 있을까?

둘째, 뻔뻔하지 못하다. 신세 지는 일이라 생각해 남을 번거롭게 만드는 것을 어려워하는 사람들이 많다. 하지만 혼자 사는 것이 아니라면 사람은 서로 교류하고 도와야 한다. 다른 사람의 도움에 어떻게 감사해야 할지 고민하는 것으로 충분하다.

처방전 → p.213

소소한 심리학 상식

조직 구성의 영향

조직의 성격 구성은 두 가지로 나뉘는데, 하나는 조직 내 어떤 특징이 평균 수준에 도달하는 것을 강조하지만, 다원성은 추구하지 않는 것(팀 성격 다수성team personality elevation, TPE)과 다른 하나는 조직 내의 다원성을 강조하지만 모든 특징이 꼭 평균 수준에 도달한다는 보장은 없는 것이다(팀 성격 이질성team personality diversity, TPD). 82개 팀의 실력과 그들이 조직한 성격 구성 사이의 관계에 대한 연구가 있다. 책임감, 친화력, 개방성 이 세 가지 성격 특징의 조직 내 평균치가 높을수록 업무 실력이 뛰어났고, 외향성과 정서적 안정성 두 가지 지표에 대해서는 조직한 성격 특징이 다원화될수록 업무 실력이 좋았다. 따라서 조직의 성격을 다원화해서 업무 능력을 향상하고 싶다면 외향성과 정서적 안정성을 고려해 조를 나누어야 효과적이다. 하지만 조직 내 동질성이 높다고 해서 반드시 나쁜 것은 아니다. 사람들의 특징이 수행할 업무에 적합하면 동질성이 높아도 능력을 발휘할 수 있다.

Lesson 24

열린 마음으로 타인을 존중하자

학생이든 직장인이든 어느 한 곳에 오래 머물다 보면 우물 안 개구리처럼 되기 쉽다. 한 가지 방법으로 일하는 것이 너무 익숙해진 데다 그 방법이 최선이라고 생각해 더 발전하려고 하지 않을 수 있다. 지금 일하고 있는 직장이 가장 좋은 곳이라고 해도 이런 위기는 누구에게나 어디에 있든 똑같이 찾아온다.

이제 막 유럽이나 미국으로 이주해 생활하기 시작한 사람이라면 모든 것이 낯설고 적응이 잘 안될 것이다. 아시아 지역의 높은 효율성과 살짝 당황스러운 정도의 고객 지상주의에 익숙하기 때문이다. 예전에 영국에서 계좌를 개설하러 은행에 갔는데 얼마나 오래 기다렸는지 모른다. 그러고도 계좌 개설이 끝날 때까지 며칠이 더 걸려서 이해할 수 없었던 적이 있다. 당시 영국 친구들에게 불만을 털어놨더니 내가 낸 자료가 정확한지 확인할 시간이 필요하다며 이상할 게 없다는 반응이었다. 나중에 문제가 생기지 않으려면 처음부터 신중하게 처리하는 편이 낫다는 것이다. 이제는 이런 환경에서 오래 지내다 보니 처음에는 비효율적으로 보이는 일들을 다른 관점으로 보게 됐다. 각자 지닌 배경과 경험에 따라 사회의 작동 방식에 관한 생각이 저마다 다르다는 것을 알게 된 것이다.

영국에 거주하는 일본 코미디언 코타니 유리코Yuriko Kotani는 자신이 생각하는 영국 문화에 관해 흥미로운 동영상을 찍었다. 나는 영국에서 살아봤기에 그녀가 영상에서 소개한 개념들을 쉽게 이해할 수 있었다. 예를 들어, 영국인이 애용하는 'ish(거의)'는 불확실성으로 가득하다는 의미를 나타내지만, 이 뜻을 모르는 사람은 단어가 내포한 불확실성을 놓치기 쉽다. 만약 영국인이 약속 시간을 '1-ish'라고 했다면 1시가 아니라 앞뒤로 15분 정도 여유 시간을 둔 1시'쯤'에 만나자는 뜻이다. '1-ish'의 의도를 이해하고 나면 사람들과 교류할 때 부담도 줄어든다. 10분을 늦어서 내가 실례를 범했다는 생각을 안 해도 된다. 부정확한 표현 방식 같지만, 그 이면에는 충돌을 완화하는 공간을 마련하는 배려가 숨어 있다.

다른 예를 들어보겠다. 대부분의 사람들이 "가치는 절대적이지 않고 상대적이다"라는 말에 동의할 것이다. 모든 일을 SOP(표준운영절차)에 따라 처리하는 것은 엄격함을 요하는 가공업에서는 중요해도 창의성이 중요한 디자이너에게는 부적합하다. 우리는 모든 일의 가치를 높이 평가하고 각자에게 맞는 자리를 찾는 방법을 연습해야 한다.

다양한 분야의 친구를 사귀어라

다른 가치관을 접할 수 있는 가장 간단한 방법은 나와 전공이 다르거나 다른 분야에서 일하는 친구를 사귀는 것이다. 다르면 다를수록 서로에게 배울 것이 많아진다. 모든 회사가 같은 방법을 사용하는 것은 아니니 동종업계 사람과 교류해도 얻는 것은 있다. 학교에서 다른 학과 교수들과 교류할 때도 우리가 이렇게까지 다른 사람이었나 싶은 생각이 들 때가 있다. 어떤 교수들은 학생이 지식을 배워가는 것을 중요하게 여기지만, 나는 내가 중요하다고 생각하는 모든 지식을 학생에게 흡수하라고 요구하는 것이 아니라 학생들이 지식에 대한 흥미를 느끼게 하는 것이 내 역할이라고 생각한다.

이런 차이점은 내가 믿는 가치가 정말 믿을 만한지 검토하고, 익숙하다는 이유만으로 그 가치를 인정하지 말라고 일깨운다. 심사숙고했지만 여전히 자기 생각에 변함이 없다면 그런 과정을 거쳤다는 자체만으로도 의미 있다. 상대방의 입장에서 생각해보고 깨달은 것이 있다면 얼마나 가치 있는 일인가.

몇 년 전 내가 만든 노인 관련 상담 팬 페이지 운영을 접으려고 했다. 그러다 우연한 기회에 오구니 시로小國 士朗의 책 《주문을 틀리는 요리점》을 읽고 생각을 완전히 바꿨다. 책에서 오구니 시로는 이렇게 말한다.

> "좋은 일을 할 수 있는 능력이 있다면 해야 한다."

당시 이 말은 내게 큰 울림을 주었다. 나는 다른 이들도 나와 비슷한 일을 많이 하기 때문에 내가 굳이 그 일을 계속할 필요가 없겠다고 생각했다. 하지만 나의 노인 관련 상담 팬 페이지에 대체 불가능한 부분이 있다는 것을 깨닫고 계속 운영해나갈 힘을 얻었다.

주변에 깨달음을 줄 만한 사람이 많지 않을 수 있다. 그래도 요즘은 인터넷 덕에 범상치 않은 사람들의 일화를 자주 발견할 수 있다. 영화 감상이 취미인 나는 영화를 보면서 눈이 번쩍 뜨이는 가치관을 많이 접한다. 얼마 전 실화를 바탕으로 한 영화 〈타미 페이의 눈The Eyes of Tammy Faye〉을 봤는데 주인공의 신념이 꽤 놀라웠다. 종교를 빙자한 사기꾼에 가까워 보이지만 그래도 신의 뜻을 전하는 데 그들이 보인 열정만큼은 인정하지 않을 수 없었다. 신에게 의지하고 속죄함을 받으라는 주인공 부부의 설교는 확실히 많은 사람의 마음을 움직였다. 객관적으로는 설명할 수 없는 부분이 있지만, 양쪽이 서로 뜻이 맞는다면 전부 부정할 필요는 없다.

서로의 연관성 찾기

다양한 분야의 사람들을 아는 것 말고도 우리가 해야 할 일은 서로의 연관성을 찾는 연습이다. 이 연습을 하면 좀 더 수월하게 상대방과 관계를 형성할 수 있고, 시야가 넓어져서 원래 가지고 있던 능력을 다르게 발휘하는 법을 알게 된다.

교내 언어연구소 교수를 알게 된 인연으로 다른 심리학과 교수와 함께 언어연구소 학생들을 가르친 적이 있다. 그곳에서 진행한 2년간의 수업은 내게 꽤 흥미로운 경험이었다. 다른 교수와 함께 각자 중점을 둔 부분을 중심으로 서로 다른 논리로 실험을 설계하고 수업을 했기 때문이다. 많은 학생이 내 수업을 들으며 심리학 연구에 관심을 갖게 되었고 나중에 기말 과제 때도 심리학과 관련한 연구를 선택했다고 한다. 그 학생들이야말로 하나를 보고도 열을 아는 좋은 예가 아닐까 생각한다.

겉으로는 달라 보여도 본질적으로는 큰 차이가 없는 일들이 많다. 서로 통하는 일들이 많기 때문이다. 종교적 신앙을 예로 들면 우리는 종교 간에 차이가 크다고 생각할지 모르지만, 타이완의 고故 산궈스 추기경과 법고산사法鼓山寺(타이완 불교계를 대표하는 단체 중 하나)의 성엄법사聖嚴法師는 서로 견해를 나누며 종교적인 수련과 자비를 통해 생사를 통찰하고 초월하며 기쁘게 바라볼 수 있다는 점을 인정했다.

따라서 연관성을 찾을 수 있는지는 나의 의지다. 상대방과 공통점을 찾고 싶다면 어떻게든 찾을 기회는 생긴다. 반대로 내가 마음속 깊은 곳에서부터 상대방과 연관성이 생기기를 거부하면 아무리 유사한 부분이 많아도 둘의 차이는 크다고 여길 수밖에 없다. 일부 학자들은 자신의 이론이 유일무이하다는 것을 증명하기 위해 다른 사람의 이론과 선을 긋는다. 제3자가 볼 때 그들의 이론이 유사하더라도 말이다.

나의 장점이 다른 사람에게는 부족한 부분일 수 있다

다른 사람의 전문성을 인정하고 도움을 청하는 것이 표면상으로는 나 자신을 위하는 것 같아도 이는 동시에 이타적인 행동이기도 하다. 내가 상대방을 알아가는 과정에서 상대방도 나를 알게 되므로 서로 보완해줄 수 있는 다른 영역을 발견할 가능성이 높다.

중국인은 문화 정서상 자기 자신을 잘 드러내지 못하는 경향이 있다. 10분이 주어지면 3분만 이야기하는데, 서양인은 3분만 주어져도 자기 이야기를 10분 동안 한다. 좀 당황스럽기는 해도 그렇게 거침없이 표현해야 서로 설레기도 하고 불꽃이 튀기도 하는 것이다. 막무가내로 비칠 만큼 자신감을 표출하라는 뜻은 아니다. 하지만 다른 사람에게 나의 장점을 더 많이 보여주는 연습은 할 수 있다. 그래야 다른 사람도 나와 어떤 일을 할 수 있는지 알 수 있다.

요컨대 스스로를 모르는 것이 없는 대단한 사람이라고 여기면 안 된다. **겸손해야만 기꺼이 다른 사람의 좋은 점을 볼 마음의 여유가 생긴다.** 내가 겸손하다는 걸 알면 사람들도 나와 가까워지기 위해 진실한 모습을 보여줄 것이다.

아주 오래전에 친구와 대화를 하다가 우연히 내가 노인 관련 업무에 매진하고 있다는 이야기가 나왔는데, 마침 그 친구 회사에서 노인을 타깃으로 한 제품을 개발하고 싶다는 의사를 표시해왔다. 이후 사업을 전환하는 바람에 노인 제품에서 육아 제품으로 협력 아이템이 변경됐지만, 그 과정은 나에게 상당한 도움이 되었다. 당시 우리가 그런 이야기를 나누지 않았다면 내가 가진 능력을 친구가 발견하지 못했을 것이고 후의 일도 일어나지 않았을 것이다.

첫째, 다른 사람과 교류하기 두렵다. 낯선 사람과 안면을 틀 때 쉽게 초조해지는 사람들이 있다. 하지만 누군가를 안다는 것이 실제로 그 사람과 왕래해야 한다는 뜻은 아니다. 일방적인 교류는 부족함이 있지만, 단방향이어도 문제 되지 않는다.

둘째, 시야가 좁다. 어떤 사람은 자신의 목표가 명확하고 자기가 가는 길이 가장 이상적인 길이라고 생각해 한눈팔지 않는다. 이런 사람이라면 다른 사람에게 관심을 가질 필요가 없을지도 모르지만, 현실에서 그럴 확률은 아주 미미하고, 이상적인 길에서도 예상을 빗나가는 부분들이 많이 생기게 마련이다.

처방전 → p.213

소소한 심리학 상식

문화 차이

문화는 광범위한 영향을 미치고 기본적인 정보 처리마저 문화의 영향을 받는다. 미국 미시간대학교의 리처드 니스벳Richard Nisbett 교수는 집단주의 문화의 사람들은 정보를 처리할 때 주체와 환경의 관계를 중시하는 반면, 개인주의 문화의 사람들은 주체와 관련한 정보만 처리한다는 것을 알아냈다. 리처드 니스벳 교수는 실험 참가자들에게 어항을 보고 있다가 나중에 무엇을 봤는지 알려달라고 요청했다. 개인주의적인 미국인 참가자는 어항 속 물고기가 어디로 헤엄쳤는지 답했지만, 집단주의적인 일본인 참가자는 어항의 환경을 먼저 설명하고 끝에 가서야 물고기가 어디로 헤엄쳤는지 이야기했다. 양쪽의 묘사가 극명하게 달랐다. 우리는 모든 사람이 나와 같은 세상을 봤다고 착각하면 안 된다. 누군가는 나와 전혀 다른 세상을 봤을지도 모를 일이다.

심리학 처방전

Q21. 왜 불완전한 자신과 마주하기를 꺼릴까?

처방전1 자신의 장점과 그 장점으로 인한 단점을 같이 열거해보자. 그러면 내가 절대 완벽해질 수 없다는 것을 알게 된다.

처방전2 단점 하나당 그에 따른 장점 세 가지를 생각하면 단점의 좋은 점을 발견할 수 있다.

Q22. 왜 내려놓지 못할까?

처방전1 한번 시도해보고 그 일의 결과가 가치 있는지 점검하면 반드시 그 일을 해야겠다는 고집을 버릴 수 있다.

처방전2 맹목적으로 추구하기 전에 내가 원하는 것이 무엇인지 곰곰이 탐색하는 일은 언제나 가치 있다.

Q23. 왜 다른 사람에게 도움을 요청하지 않을까?

처방전1 기준을 낮게 잡아서 남이 나를 도울 수 있게 연습하자. 모든 일을 혼자 떠맡으면 안 된다.

처방전2 가까운 친구와 먼저 도움을 주고받으며 남에게 부탁하는 연습을 하자.

Q24. 왜 움츠러들까?

처방전1 먼저 소통하는 방식과 한계를 정하고 여러 번 훈련한 다음 행동하면 덜 초조하다. 소통의 물꼬를 트고 나면 계속 사람들과 교류할 마음이 생길 것이다.

처방전2 익숙하지 않은 방식으로 일해보면 내가 여전히 부족하다는 것을 깨닫게 되고, 남들은 그 방식으로 어떻게 성공할 수 있었는지 알고 싶어질 것이다.

해 탈

효율성의 가장 궁극적인 원칙은
과정에서는 치열하게 노력하되 결과는 담담하게
바라보는 것이다. 사소한 것에 연연하지 않고
태연하게 결과를 대할 수 있다면
더 많은 성과를 거둘 수 있다는 것을 알게 된다.

Lesson 25

과정은 치열하게, 결과는 담담히

전 영국 총리 윈스턴 처칠은 이런 말을 했다. "성공은 끝이 아니며 실패는 치명적이지 않다. 중요한 것은 계속 앞으로 나아가는 용기다." 이 말이 흔한 명언처럼 들릴 수 있다. 이제 막 좌절을 맛봤다면 이런 말들이 현실에서는 아무 도움이 안 된다고 느낄 것이다.

그런데 생각해보자. 실패한 뒤 부정적인 감정에 계속 빠져 있는다면 과연 성공할 수 있을까? 좌절을 딛고 일어나 나아가지 않으면 정체되고 나중에는 일어설 힘마저 잃게 된다. 성공했어도 예전처럼 계속 노력하지 않으면 그 성공도 금세 우리 곁을 떠난다. 핵심은 성공 여부가 아니라 어떤 상황에서든 꾸준히 앞으로 나아갈 수 있는지다.

실력이 뛰어난 운동선수들은 시합에서 좋은 성적을 거둔 후에 어느 정도의 휴식기를 가진 후 이내 연습에 돌입한다. 우리는 다른 각도에서 성공과 실패를 바라보는 연습을 해야 한다. 성패를 나라는 사람을 인정하는 기준이 아니라 자신을 점검하는 기회로 삼아야 한다. 성공과 실패는 현재 내가 하는 방법이 객관적인 가치에 부합하는지를 나타낼 뿐이다.

노력이 객관적 가치에 부합하는지 여부 이외에 운도 한 사람의 성공 여부를 결정하는 데 중요한 역할을 한다. 수학을 잘 못하더라도 대입 시험에 수학이 어렵게 출제될 경우 남보다 크게 뒤처지지만 않으면 괜찮은 대학교나 학과에 진학할 수 있는 것처럼 말이다.

한 과학자가 경력 전환과 관련한 실험을 했다. 처음에는 피실험자들에게 각기 다른 재능이 있다고 설정했다. 시작 단계에서 모든 사람의 성공지수는 동일했다. 그런데 6개월마다 사람들의 경력에 행운이나 불운이 찾아온다는 설정을 더하니, 불운을 만난 사람은 성공지수가 반감된 반면, 행운을 만난 사람은 성공지수가 배가 됐다. 즉, 재능이 있으면 성공하기 쉽지만 가장 성공한 사람은 재능이 가장 뛰어난 사람이 아니라 가장 운이 좋은 사람이었다.

운은 통제할 수 없지만 운을 바라보는 태도는 통제할 수 있다. 배드민턴 시합을 생각해보자. 시합 중에 셔틀콕이 네트에 부딪히는 상황은 종종 일어난다. 만약 셔틀콕이 아슬아슬하게 네트를 넘어가면 상대 선수가 실점을 하게 되고, 네트에 걸려서 못 넘어가면 자신이 실점을 하게 된다. 이때 경험이 적은 선수는 쉽게 감정이 흔들려서 페이스를 잃고 시합에 지는 경우가 많지만, 경험이 많은 선수는 끝까지 집중해서 경기를 잘 마친다.

노력에만 기대어서는 성공할 수 없다. 때문에 성공 여부만으로 나의 노력을 판단한다면 틀림없이 실망한다. 관점을 바꿔 내가 노력한 정도에 따라 성과를 판단할 수 있다면, 승패의 소용돌이에서 벗어날 뿐 아니라 스스로를 업그레이드할 기회도 생긴다. 성공했으니 이제 할 만큼 했다고 여기는 것이 아니라 내가 정말 예전보다 나아졌는지에 초점을 맞추고 어떻게 하면 한 단계 더 발전할지를 고민하기 때문이다.

최선을 다한다면 그것으로 충분하다

젊었을 때는 노력한 만큼 돌아오는 것이 없으면 불만이 가득했다. 그런데 나이가 들고 인생을 배우면서 원하는 대로 어떤 일을 이루기에는 내 뜻대로 할 수 없는 요소들이 너무 많다는 것을 깨닫는다. 내가 지배할 수 없는 것들에 큰 기대를 품으면 불만의 늪으로 빠져 스스로를 고통스럽게 할 뿐이다.

어떤 직장에 지원했다고 해보자. 스펙이 좋은데도 면접관의 전 남자친구와 닮았다는 이유로 합격하지 못할 수도 있다. 면접의 공정성에 대해 의문을 제기하며 따질 수 있지만, 그렇게 항의하고 취직했을 때 나를 떨어뜨린 비이성적인 요소가 회사생활에 전혀 영향을 주지 않을까? 이런 관점에서 생각하면 예상보다 못한 상황에 직면했을 때 얼른 감정을 추스르고 새로운 기분으로 다시 시작할 수 있다.

나는 내가 할 수 있는 일을 기대만큼 완수하면 일이 끝났다고 생각한다. 이후 결과에 대해서는 내 통제 범위를 벗어났다 여겨 특별히 신경 쓰지 않는다. 나는 이를 '적극적인 해탈'이라고 부른다. 내가 컨트롤할 수 있는 일은 적극적으로 하지만 그렇지 않은 일에 대해서는 결과가 어떻든 그것이 최선이라며 담담히 받아들이는 태도다.

어떤 일을 평가할 때 현재의 이익만 보면 안 된다. 장기적인 관점에서 생각할 줄 알아야 한다. 누구나 이별하면 상심이 크지만, 이별이 없다면 어떻게 다음 사랑을 맞이할 수 있겠는가? **모든 경험을 긍정적으로 대할 수 있다면 거기에서 얻은 교훈이 다음 라운드에서 더 잘할 수 있는 밑거름이 된다.**

평가에 초연해야 꾸준히 앞으로 나아갈 수 있다

"얻는 것이 있으면 잃는 것이 있다"라는 말을 많이 들어봤겠지만, 진심으로 이 이치를 받아들일 수 있는 사람은 그리 많지 않다. 특히 평가에 민감한 사람이라면 사회인으로서 삶은 고달플 수밖에 없다. SNS에서 사람들이 누른 '좋아요' 수나 인스턴트 메신저로 알은척하는 사람이 얼마나 많은지 보라. 우리는 항상 평가당하고 있다.

이 문제를 다룬 영국 드라마 〈블랙 미러Black Mirror〉의 첫 편 '급강하Nose Dive'를 보면 많은 생각을 하게 된다. 가상의 미래 사회에서 사람들은 가까운 사이든 먼 사이든 항상 주변 사람에게 점수를 매긴다. 점수는 그 사람이 생활하는 데 큰 영향을 미친다. 점수가 높지 않으면 할 수 없는 일들이 생기고 점수가 높은 사람은 낮은 사람과 친구가 되기를 거부한다. 주인공은 점수에 꽤 집착하는 사람이었지만 끝에 가서는 평점 시스템을 계속 고수하면 자신의 인생이 비극일 수밖에 없다는 것을 깨닫는다.

지금 우리 사회는 〈블랙 미러〉처럼 비정상적인 제도만 없을 뿐이지 실상은 크게 다르지 않다. SNS가 발달하면서 드라마보다 더 드라마 같은 일들이 현실에서 일어난다. 세계 각지에서 인플루언서나 연예인들이 인터넷 악플을 견디지 못하고 스스로 목숨을 끊는 일이 발생하는 것만 봐도 그렇다. 그래서 일부 연예인들은 아예 SNS 계정을 만들지 않거나 비공개 계정을 따로 운영하기도 한다.

연예 뉴스를 눈여겨봤다면 음악 시상식 수상자 선정에서 빠지겠다는 성명을 낸 가수들 소식을 들은 적 있을 것이다. 심사 제도에 불만이 있어서 그럴 수도 있겠지만, 상을 받기 위해 음악을 하는 것이 아니라 단지 음악을 잘 만들고 싶다는 뮤지션으로서의 마음이 더 중요하기 때문일 것이다. 누군가의 평가나 비판을 지나치게 의식하면 결코 자신의 삶을 살 수 없다. 혹 평가를 담담하게 받아들이는 게 어렵다면 이를 거부하는 것도 하나의 방법이 될 수 있다. **단, 평가가 아니더라도 스스로를 점검하고 확인하는 방법이 있어야만 내가 일을 잘했는지 못했는지 알 수 있다.**

성과보다 성장에 중점을

2020 도쿄 올림픽(코로나19로 실제 경기는 2021년에 개최했다) 배드민턴 남자 복식에서 리양李洋과 왕치린王齊麟 조가 금메달을 목에 걸었다. 이후 두 선수에 대한 사람들의 기대감은 높아졌지만, 유감스럽게도 더 이상 우승 소식을 들려주지 못했다. 반면, '배드민턴 여제' 다이쯔잉戴資穎은 올림픽 여자 배드민턴 단식에서 금메달은 못 땄지만, 여전히 세계 여자 배드민턴 여제 자리

를 굳건히 지키고 있다. 많은 배드민턴 선수들이 다이쯔잉을 "까다롭고 안정적인 실력을 갖춘 선수라 유난히 상대하기 어렵다"라고 평가한다.

우리는 운동선수가 아니라서 성과에 순위를 매기는 사람은 없지만, 살면서 매번 여러 새로운 상황들을 만나게 된다. 그럴 때 '성과(순위)'를 중시하기보다 자신의 '성장'을 어떻게 계획할 것인지에 중점을 두어야 한다. **자신의 능력을 체크하면서 안정적으로 앞을 향해 나아가고 있는지 확인하는 것이 성과가 높은 것보다 훨씬 더 중요하다.**

Q25 왜 결과를 담담하게 받아들이지 못할까?

첫째, 다른 사람의 평가를 지나치게 신경 쓴다. 자신감이 부족하거나 경쟁이 치열한 직장에 있는 사람은 다른 사람의 평가를 통해 자신의 가치를 가늠한다. 하지만 다른 사람의 평가는 우리가 통제할 수 없고 객관적이지 않을 가능성이 크다. 그런데 굳이 그런 기준으로 내 상태를 점검할 필요가 있을까?

둘째, 과정의 중요성을 간과한다. 급변하는 현대 사회에서는 결과만 보고 과정은 대수롭지 않게 여기기 쉽다. 과정은 안 보고 결과만 본다고 말하는 업무 담당자들도 있다. 그래서인지 사람들은 노력하는 과정 없이는 착실한 성과를 거둘 수 없다는 것을 쉽게 망각한다.

처방전 → p.243

소소한 심리학 상식

행운 통제 가능성

우리는 운을 통제할 수 없다고 생각하지만, 심리학자 피터 홀린스Peter Hollins는 저서 《운을 기획하라》에서 우리가 생각하는 것처럼 행운이 반드시 복불복이고 통제할 수 없는 것만은 아니라고 말한다. 예를 들어, 참가자 수가 적은 이벤트를 찾아 그 이벤트에 참여하면 당첨 확률이 높다. 이것은 배워서 얻은 행운이다. 사람들과 소통하는 방식도 나를 대하는 사람들의 태도에 큰 영향을 미치는데, 이것도 행운의 다른 표현이다. 항상 웃는 얼굴로 사람을 대한다면 사람들은 좋은 것이 있을 때 나와 나누고 싶어 할 것이다. 따라서 행운은 항상 임의적이지는 않으며 규칙성에 따라 어느 정도 통제할 수 있다.

Lesson 26

큰 줄기를 파악하고 사소한 것에 구애받지 않기

처음 육아 관련 팟캐스트를 시작했을 때 나의 담당 PD는 요구사항이 엄격한 사람이었다. 첫 회만 스무 번을 넘게 녹음했다. 처음에는 재녹음하는 이유를 이해할 수 있었지만, 열 번째가 넘어간 후부터는 큰 차이가 없는 것 같은데 계속 재녹음하자고 해서 마음이 불편했다. 처음 녹음한 버전도 괜찮은데 더 좋은 게 나올 수 있으니 한 번 더 녹음해줄 수 있겠느냐고 물은 적도 있다. 어차피 한 번이니까 알겠다고 했는데, 결국 재녹음한 파일이 별로여서 처음 녹음한 버전으로 방송을 진행했다.

이런 일들을 겪다 보니 나한테는 주도권이 없다는 생각이 들어 대부분 PD의 말대로 따라주었다. 이후 PD와 어느 정도 친해진 다음에서야 나는 그에게 재녹음을 고집하는 이유를 물었다.

"대다수 사람들 귀에는 잘 안 들리는 차이들이 제 귀에는 들려요. 더 잘할 수 있는 걸 뻔히 아는데 안 하는 건 잘못이라고 생각해요."

그 말에 내가 이렇게 반문했다.

"근데 99점짜리를 공들여서 99.1점으로밖에 못 만든다면 굳이 그렇게까지 할 필요가 있을까요?"

그녀는 미소를 보일 뿐 아무 말도 하지 않았다.

당신의 일하는 태도는 나와 PD 중 어느 쪽에 가까운가? 일할 때 일정한 규칙을 따라야 한다는 점은 인정하지만, 정도에 대해서는 논의할 여지가 있다고 본다. 시간과 자원 부담이 없는 상황에서 일을 완벽하게 하는 것은 좋은 일이다. 하지만 그렇게 여유 부릴 처지가 아닌데 완벽을 고집한다면 상황을 난처하게 만들 뿐이다. 사소한 부분에 너무 많은 시간을 쓰다가는 다른 일정에 차질을 빚을 수 있다.

브리핑을 준비할 때 나는 무조건 큰 틀부터 잡아 놓고 들어갈 내용이 빠짐없이 들어갔는지 확인한다. 그러고도 시간이 남으면 레이아웃이나 이미지 등을 손본다. 모든 부분을 세세하게 다듬지 못했어도 일단 브리핑이 완성됐다고 판단되면 수정을 멈춘다. 그래야 편안한 마음으로 다음 일에 집중할 수 있다. 나와는 대조적으로 세세한 부분을 수정하다 데드라인이 코앞에 닥쳐서야 다음 일을 시작하는 방식이 익숙한 사람도 있다. 두 업무 사이에 충분한 시간이 있다면 문제가 없지만 여러 일을 동시에 해야 하는 경우라면 디테일에 과도하게 집중하는 방식은 적절하지 못하다.

만약 큰 틀을 잡는 것과 세부 사항을 다듬는 것을 별개의 일이라고 본다면, 이것은 한 번에 두 가지 일을 해야 한다는 뜻이다. 과거의 수많은 연구 결과가 증명하듯 한 번에 두 가지 일을 하면 한 가지 일만 하는 것보다 훨씬 비효율적이다. 설령 둘 중 한 가지 일에 많은 자원이 소모되지 않는다 해도 업무 효율에는 영향을 받는다.

생방송으로 진행하는 요리 경연 프로그램에서 디테일에 너무 집중한 참가자가 요리를 완성하지 못하거나 어쩔 수 없이 포기해야 하는 부분들이 발생해 결국 탈락하는 걸 본 적 있을 것이다. 그러므로 어떤 일을 끝내야 하는 시간적 부담이 있다면 큰 틀에 초점을 맞춰야 한다. 그래야 진척 상황을 파악하기 쉽고 좋은 평가를 받을 수 있다.

목표 달성한 내 모습 상상하기

소프트웨어를 설치하거나 웹 서핑을 할 때 프로그레스바Progress bar(파일 업/다운로드나 페이지 로딩 진행 상황을 표시하는 것으로 진행막대라고도 부른다 - 옮긴이 주)를 눈여겨본 적 있는가? 컴퓨터는 보통 처음에 빠르게 움직이다가 나중에는 속도가 느려지는데, 여기에는 이유가 있다. 처음에 빠르게 움직여서 그 일을 처리하는 데 많은 시간이 걸리지 않는다고 사용자가 느껴야 흔쾌히 기다리기 때문이다. 나중에 느려지는 것은 실제로 앞에서 끝내지 못한 진도를 만회하기 위함인데, 이때 사용자는 처음 속도를 보고 빨리 끝날 것이라고 예상해 속도가 느려진 것 같아도 그냥 기다리게 된다.

우리는 일할 때 이 방법을 써먹을 수 있다. 먼저 큰 틀을 완성해서 임무 완수까지 얼마 안 남았다는 기분이 들게 하는 것이다. 이렇게 하면 나에게 임무를 완수할 능력이 있는 것 같은 기분이 들어 업무 수행 속도도 빨라진다. 목표 달성이 눈앞에 있는 것처럼 느껴지게 하는 것이다. 요즘 각종 템플릿도 이런 방식을 사용한다. 이력서든 회의록이든 틀이 있어서 질문 몇 개에 답하기만 해도 빠르게 작업을 마칠 수 있도록 도와준다. 물론 이렇게 만든 결과물이 완벽하지 않을 수 있지만, 70퍼센트 정도를 수월하게 완성해 놓으면 그 임무를 완수하려는 동력이 생긴다.

따라서 **진도를 계획할 때는 가급적 기시감이 강한 진도부터 끝내는 것이 좋다.** 쉽게 말해, 내가 정말 진도를 나간 것처럼 보이게 하는 부분을 완성하는 것이다. 나는 책을 쓸 때 전체 장절章節을 쭉 적고 세부 내용을 쓰기 전에 소제목을 전부 써 놓는다. 이 작업만 끝내도 진도를 앞당긴 느낌이 든다. 또 한 가지 방법은 진도를 계획할 때 업무의 10퍼센트만 완성했어도 스스로 "벌써 30퍼센트나 완성했다"라고 말함으로써 효율적으로 일한 느낌을 주는 것이다. 다만, 이 방법은 진도가 빠르다고 생각해서 오히려 일을 미룰 가능성이 있다는 단점이 있다. 게을러지기 쉬운 사람에게는 부적절한 방법임을 참고하길 바란다.

자기 제한을 통해 중요한 일부터 우선 처리하기

나는 지난 1년간 두 번이나 오른발 부상을 당했다. 이 쓰라린 경험은 내게 큰 공부가 됐다. 발을 다쳤어도 빈도를 줄였을 뿐이지 걷긴 걸어야 했기 때문에 간접적으로 생략할 수 있는 것과 생략할 수 없는 것이 무엇인지 알게 됐다.

이처럼 능력에 제한을 걸면 자연스럽게 중요한 일들을 먼저 처리하게 된다. 예를 들어, 팬데믹 기간에 자녀와 집에 머물며 재택 근무한 사람은 아이가 쉴 때 마감이 가장 임박했거나 상사가 제일 중요하게 생각하는, 가장 급하게 끝내야 하는 일부터 처리한다. 물론 제약을 두면 해야 할 일을 뜻대로 할 수 없기도 한데, '끝내야 하는 것'들이 무엇인지 알 수 있어 효율적으로 일을 하기에는 좋은 방법이다. 나중에는 제약이 없어도 어떤 일에 품을 더 들이고 덜 들여도 되는지, 어떤 일부터 완성해야 하는지, 일의 우선순위를 파악할 수 있게 된다.

자기 제한을 통해 의외의 것을 발견하기도 하는데, 내가 자주 운전하던 도로가 야간에 봉쇄된 적이 있어서 어쩔 수 없이 다른 도로로 간 적 있다. 그런데 원래 다니던 도로보다 더 빨랐다. 이처럼 일을 처리하는데 기존 방법보다 더 효과적인 방법을 찾기도 한다.

덜 중요한 일 내려놓는 법

완벽주의 성향이 강한 사람은 자원이 충분해도 부족한 부분을 찾으려는 마음을 억누르지 못한다. 노력을 들일수록 성과가 더 좋아질 수 있다는 점은 인정하지만, 그렇게 되면 다른 일에 쓸 수 있는 자원은 얼마 남지 않게 된다. 다시 말해, 윈윈win-win이나 올윈All-win은 불가능하다. 어떤 부분에서 얻는 것이 있으면 다른 부분에서 잃는 것이 생긴다. 스스로 잃었다는 것을 알아채지 못할 뿐이다.

그렇다고 해서 완벽주의가 나쁘다는 것은 아니다. 먼저 전체적으로 살펴보고 내가 하고 싶고 해야 하는 일에는 어떤 것들이 있는지 알아야 한다. 모든 일을 어느 정도까지는 완성해야 세부적으로 완벽을 기하는 데 들일 밑천이 생긴다. 별도의 자원을 융통해서 쓰거나 본인에게 시간을 더 줌으로써 마무리에 완벽을 기할 수도 있지만, 시간이든 돈이든 많이 투자했다고 반드시 그에 합당한 보상을 얻을 수 있는 것은 아니라는 점을 스스로 상기할 필요가 있다.

나는 세부적인 부분을 전부 완벽하게 만드는 것보다 제한된 시간과 자원에 따라 일을 대하는 태도를 조정하고, 자신에게 부끄럽지 않을 정도로 일하면 된다고 생각한다. 시간과 자원이 남으면 쉬거나 다른 것을 탐색하는 데 쓰는 것이 더 가치 있다.

Q26 왜 완벽을 추구하려고 할까?

첫째, 성과를 인정받지 못할까 봐 걱정한다. 자기 성과에 자신이 없고 무조건 만점을 받아야 인정받았다고 생각한다. 하지만 내가 만점을 받는다고 해서 남들도 꼭 나를 만점으로 생각한다는 뜻은 아니다.

둘째, 무엇이 중요한지 확실히 분간하지 못한다. 나에게 여유가 없다는 걸 알면서도 완벽하게 일하려다가 오히려 스스로를 곤경에 빠트리고 계획이 틀어지는 결과를 초래할 수 있다.

처방전 → p.243

소소한 심리학 상식

성공의 환상

성공을 상상하면 성공하는 데 도움이 되지만 구체적으로 상상해야 한다. 도달할 수 없는 목표를 상상하면 안 된다. 실현하기 힘든 목표를 상상하면 오히려 그 상상 때문에 목표에서 멀어질 수 있다. 모든 조건을 갖춘 직장이나 배우자 찾기, 어려운 시험 합격, 불가능한 수술 성공처럼 실현 불가능한 환상이 아니라 실현 가능성이 있는 일을 상상하면 도움이 된다. 다만, 이것은 상상일 뿐 실제로 성공한 것은 아니라는 점을 명심하자. 성공을 상상해봤다고 해서 진짜 성공할 거라고 착각하며 해이해지면 성공은 점점 더 멀어질 것이다.

Lesson 27

친구가 하나 늘면 적이 하나 줄어든다

넷플릭스 드라마 〈애나 만들기Inventing Anna〉에서 호텔 직원 네프는 애나에게 거액의 팁을 받고 그녀가 유명 브랜드숍이나 고급 레스토랑을 편안하게 드나들고 어디서나 대접받을 수 있게 적극적으로 협조한다. 드라마 내용은 다소 과장돼 보이지만 나는 대다수 사람들이 모종의 특권을 누려봤을 거라고 생각한다. 인맥이 넓은 사람일수록 더 공감할 것이다.

나는 인맥이 넓다고 생각하지는 않지만, 이 세상은 서로 의지하며 살아간다는 것을 알기에 좋아하는 사람을 도울 때는 어떤 보답을 받을지 계산할 필요가 없다고 생각한다. 또한 남이 나를 도우려고 할 때도 내가 싫어하는 사람이 아닌 이상 흔쾌히 받아들인다. 나는 도움이 필요하면 SNS를 통해 요청하고 친구가 SNS에 도움을 요청한 것을 보면 적극적으로 답한다.

사회적 동물인 인간은 서로가 서로를 필요로 한다는 것을 믿기 때문이다.

간혹 남에게 호의를 받으면 나중에 꼭 갚아야 한다고 생각해서 마치 빚이라도 진 것처럼 걱정하는 사람들이 있다. 어쩌면 내가 남을 도울 때의 마음가짐으로 다른 사람의 도움을 바라봐서 도와준 사람에게 빚졌다고 생각하는지 모르겠다. 나는 이런 부채감을 느끼는 것보다 도와준 사람에게 감사를 전해야 한다는 쪽을 더 선호한다. 고마움을 표현하는 방식에는 여러 가지가 있지만, 내 방식이 상대방이 기대하는 방식이 아닐 수는 있다.

모든 사람이 목적 없이 남을 돕지는 않는다. 하지만 진심으로 고마운 마음을 전한다면 상대방에게 진 빚은 없다. 만약 상대방이 불합리한 것을 기대하더라도 그것이 그 사람의 일방적인 생각이라면 굳이 그 일로 자신을 힘들게 할 필요는 없다. 사전에 서로 어떤 이익을 교환하기로 약속했다면 돕는다는 개념보다는 계약 관계에 가깝다. 이런 경우라면 당연히 그에 합당한 보상을 해줘야 한다.

나는 상대방에게 바라는 것이 없어도 상대방은 나에게 바라는 것이 있을 수 있다는 점을 명심하기 바란다. 그러니 나를 도와줄 수 있는 사람이 있다면 용감하게 부탁하자. 이것은 언젠가 그도 나에게 도움을 청할 기회를 주는 것이다. 이렇게 정이 오가는 관계는 실보다 득이 많다.

친구는 적은 노력으로 큰 성과를 가져다준다

요즘은 상인연합회 회원 대다수가 청년이다. 사업 경력도 짧고 로터리클럽 Rotary Club(사회봉사와 세계 평화를 표방하는 실업가 및 전문직업인 단체)처럼 조직 세력은 없지만, 단기간에 사업적으로 성공을 거둔 회원은 많다. 각기 다른 상인연합회에 가입한 학생과 친구가 있는데, 두 사람의 사업이 적잖은 성공을 거두는 것을 보며 부러운 마음이 들었다.

학술계도 다른 사람과 협업할 때가 있다. 대부분은 일의 난이도가 있는 편인데, 산업계가 학술계에 대해 오해하는 부분이 많아서인 것 같다. 심리학과 교수와의 협업에 대해서는 더 수박 겉핥기식으로 알고 있다. 내가 수동적인 편이기도 하고 먼저 나서서 손을 내미는 경우가 거의 없긴 하지만, 산업계와 몇 번 협업하면서 우리가 할 수 있는 일이 꽤 많다고 느꼈다. 하지만 그 전에 그들에게 우리의 능력을 알릴 필요가 있었다.

최근 몇 년간 기업에서 일하는 졸업생 덕분에 기업 운영에 학생들을 참여시킬 수 있었다. 직접 경험해서인지 학생들이 좀 더 적극적으로 공부하는 모습을 보여 나는 속으로 쾌재를 불렀다. 안 그랬으면 강단에서 교수가 입이 닳도록 설명해도 학생들은 한 귀로 듣고 한 귀로 흘렸을 것이다. 기업 입장에서도 학생들을 더 많이 알게 되고, 다른 관점에서 기업의 관심사를 바라볼 수 있었을 테니 양쪽 모두 수확을 거둔 셈이다.

대부분의 사람들은 자신에게 권력이나 이렇다 할 인맥이 없다고 생각하지만, 사실 살면서 지나쳤던 사람들이 전부 나의 인맥이고 서로에게 도움을 줄 수 있다. 그러니 일적으로 많은 사람과 만날 기회가 있다면 결코 인맥을 낭비하면 안 된다. 인맥을 잘 관리하면 힘은 아끼면서 더 많은 성과를 얻을 수 있다.

세상은 좁다, 장애물을 만들지 마라

다른 사람과 어울리는 것을 싫어하고 심지어 척을 지는 태도는 나의 성장을 가로막는 장애물이다. 세상은 정말 좁기 때문에 한때 누군가의 미움을 샀다면 미래에 어떤 방식으로든 영향을 미칠 수 있다. 심지어 내가 한 일로 인해 내가 아니더라도 내 가족과 친구 또는 내가 속한 집단을 불리한 상황에 빠트릴 수도 있다.

예전에 너무 바빠서 어떤 단체의 요청을 거절한 적이 있다. 나는 대수롭지 않게 생각했는데 내 행동을 못마땅하게 여긴 사람이 있었다는 것을 나중에야 알게 됐다. 다행히 같은 단체에서 재차 요청이 들어왔을 때 호의를 베풀어 나쁜 상황이 발생하지는 않았다. **다른 사람이 나를 오해해 악감정이 생길 수도 있다. 그러나 최소한 남에게 상처 주지 않으려고 노력하면 선순환을 만들 수 있다.**

내가 직접적인 원인이 아닌데 다른 사람이 나에게 불만을 느끼는 경우도 있다. 이럴 때는 더 많은 호의를 베풀어 나에 대한 그 사람의 인식을 바꾸는 수밖에 없다. 운이 좋다면 내가 속한 단체에 대한 그들의 생각을 되돌려 선순환을 만들 수도 있다. 코로나19가 전 세계를 휩쓸기 시작하면서 미국과 여러 유럽 국가에서 아시아인을 배척하는 일이 발생했다. 분명 비이성적인 행동이지만, 혹 코로나19로 가족이나 소중한 누군가를 잃은 사람이라면 자신도 모르게 감정적으로 연관시켰기 때문일지도 모른다.

남과 원수지지 말라고 해서 모든 사람에게 선의를 베풀어야 한다는 뜻은 아니다. 이는 자신의 선택이다. 사람마다 성향이 달라 나와 잘 안 맞는 사람이 있게 마련이다. 그 사람을 호의적으로 대하도록 스스로를 강요하는 것은 좋지 않다. 그저 내가 다른 사람에게 악의를 품고 있다는 생각이 들지 않게만 하면 된다.

베품은 더 큰 베품으로 돌아온다

10여 년 전 대학에서 알게 된 여자 후배가 푸런대학교 심리학과 교수 자리가 비었는데 생각이 있느냐고 물었다. 그렇게 나는 푸런대학교 심리학과 교수가 되었고, 그 후배와는 줄곧 좋은 관계를 유지하고 있다. 이후 동료 한 명과 친해진 것을 시작으로 다른 동료들과도 가까워져 지금은 어디를 놀러 갔다 오면 어떤 기념품을 선물할지 고민할 정도다. 나만 그런 것이 아니라 다른 사람들도 그렇게 생각해서 휴가를 마치고 돌아올 때마다 선물을 교환하는 모습을 심심치 않게 본다. 같은 학과 교수들끼리 파벌을 나눠 경쟁하는 모습을 종종 봐왔기 때문에 나는 이런 화목한 관계를 소중하게 생각한다.

나는 굳이 지인이 아니더라도 낯선 사람을 도와주며 선순환의 고리를 만들기를 주변에 권한다. 수년간 노인 문제 상담 팬 페이지를 통해 어르신들에게 연하장 쓰는 일을 도와줄 사람들을 모집했다. 한창 활발하게 활동할 때는 1년에 1천 장이 넘는 연하장을 보냈다. 우리는 카드를 만들고 연하장을 쓰는 사람과 연하장이 필요한 사람을 매칭하는 일을 도왔다. 답장을 자주 받은 것은 아니지만, 어떤 친구들은 우리에게 격려 카드를 써서 보내기도 하고, 연하장을 수령한 단체에서 어르신들이 연하장을 받는 모습을 찍어 보내 큰 감동을 받기도 했다.

선순환의 고리를 만드는 것은 어렵지 않다. 보답을 바라지 않고 진심으로 베풀려는 의지만 있으면 된다. 2014년 미국에서 한 여성이 낯선 사람에게 커피를 사주는 이벤트를 했는데, 11시간 동안 무려 300명이 넘는 사람이 동참했다. 누군가에게 커피를 선물 받은 사람은 또 다른 누군가에서 커피를 선물했다. 표면적으로는 보면 누구도 얻은 것이 없어 보이지만, 사람에게 받은 따뜻한 온기와 전해진 고마운 마음이 한동안 많은 사람의 마음을 훈훈하게 만들었다.

Q27 왜 사람들과 관계 맺기를 꺼릴까?

첫째, 친구 사귀는 일을 너무 무겁게 받아들인다. 진지하게 친구를 사귀는 사람은 생각 없이 아무렇게나 남에게 호의를 베풀면 안 된다고 생각한다. 사람 사이의 관계를 진중하게 바라보는 문화의 영향일 수도 있지만, 다른 사람에게 잠깐 스치고 지나가는 인연이 돼도 나쁠 것은 없다.

둘째, 앙심을 잘 품는다. 좋고 싫음이 분명하고 그 감정이 잘 변하지 않는 사람들이 있다. 이런 사람은 득과 실이 양극화되고 인간관계에서 쉽게 상처받는다. 다른 사람에 대한 기대가 지나쳐서 상대에게 과도한 부담을 줄 수 있기 때문이다.

처방전 → p.243

소소한 심리학 상식

인맥은 양보다 질

인맥이 넓다고 반드시 좋은 것만은 아니다. 실제로 버지니아대학교 로버트 크로스Robert Cross 교수의 분석에 따르면 업무 성과가 좋은 사람은 친구가 많을수록 역량을 발휘하는 데 오히려 해가 되는 것으로 나타났다. 그렇다고 해서 인맥이 중요하지 않다는 뜻은 아니다. 로버트 교수는 인맥에는 몇 가지 원칙을 가져야 한다고 말한다. 첫째, 자신의 경계를 국한하지 말고 개방성을 유지해야 한다. 그러면 다양한 유형의 사람들을 더 많이 만날 수 있다. 둘째, 인맥은 상향적이기만 하면 안 되고 하향적이기도 해야 한다. 이는 나와 다른 관점을 접하고 일의 실제 모습을 분명하게 파악하는 데 도움이 된다. 셋째, 나에게 도움이 되는 인맥들을 잘 관리해야 한다. 특히 나에게 없는 능력을 갖춘 사람들과 관계를 잘 유지해야 한다. 넷째, 질 좋은 인맥을 유지해야 한다. 인맥은 양보다 질이다. 얕은 관계의 친구들만 있다면 아무리 친구가 많아도 정작 도움이 필요할 때 선뜻 손길을 내미는 사람은 몇 명 없을지도 모른다.

Lesson 28

헛된 욕심은 금물! 할 수 있는 만큼만 하자

한 학생이 내 페이스북에 이런 댓글을 단 적이 있다.

> "교수님, 조니한테 공유해달라고 부탁하세요. 조니는 인스타그램 팔로워 수가 10만 명이 넘는데 거기에 비하면 교수님은 너무 적잖아요."

메시지를 읽고 좀 씁쓸했다. 나도 가끔 고민한다. '대체 어디가 잘못됐길래 내가 바라는 지식 전달형 인플루언서가 되지 못하는 걸까' 하고 말이다. 그리고 그때마다 생각한다. 나는 정말 인플루언서가 되고 싶은 것일까? 내 의지대로 지식을 공유할 수 있으면 된 거 아닌가?

당신도 다른 사람의 성공을 부러워한 적 있는가? 좋은 차를 타고 좋은 집에 살며 비싼 음식을 먹는 것이 충분히 사람들의 부러움을 살 수 있다. 하지만 그 사람이 운 좋은 재벌 2세라 하더라도 빛나고 아름다운 겉모습 이면에 어떤 괴로움이 숨어 있을지 알 수 없다. 그에 따르는 대가를 제대로 생각하지 않는 사람들이 많은 것 같다. 그게 아니라면 유명세를 못 견뎌서 생을 마감하는 사람들이 계속 나오지는 않을 테니까 말이다.

현실에 대한 불만은 앞으로 나아가게 하는 원동력이 되기도 하지만 지나치게 생각이 엉뚱한 데로 튀면 비극에 그칠 수 있다. 노래 부르는 것을 좋아해 규모는 작지만 여러 대회에서 우승했다고 해보자. 그런데 하룻밤 사이에 유명해져 스타가 되기를 꿈꾼다면 그 꿈을 이루는 것은 무리일 것이다. 톱밴드 우웨톈五月天이나 팝스타 테일러 스위프트도 처음 데뷔했을 때는 겸손한 태도로 작은 무대부터 시작했을 것이다. 그들이 데뷔하자마자 콧대 높게 굴었다면 지금처럼 멋진 모습은 볼 수 없었을 것이다.

사람들 사이에는 어떤 사람이 어떤 일을 할 수 있다는 암묵적인 규칙이 존재한다. 물론 그 프레임을 벗어날 수 없다는 이야기가 아니라 그런 능력이나 수완이 없다면 긍정적인 피드백을 받기 힘들 거란 이야기다. 한 번은 노인 문제 관련해서 온라인 강좌 개설을 준비하고 있을 때였다. 어느 날 이 분야에서 정통한 한 교수에게 연락이 왔는데, 그는 내게 준비하고 있는 걸 다시 한번 잘 생각해보라고 말했다. 그도 나랑 같은 계획이 있어서 그랬는지는 잘 모르겠지만 지금도 그가 나에게 왜 그렇게 말했는지는 의문이다. 어쩌면 그는 내가 그 강좌를 하기에 부족하다고 여겼을지도 모른다.

그럼에도 불구하고 나는 신청서를 제출했고 교육부의 지원을 받아 커리큘럼을 만들었다. 이 수업이 얼마나 성공했는지는 말하지 않겠지만 적어도 내용만큼은 내가 설정한 목표에 부합했다. 이후 직접 강좌를 만들 때 훨씬 부담을 덜었고, 어떻게 하면 최소 자원으로 강좌를 설정할 수 있는지도 알게 됐다.

2021년 여름휴가 때는 심리학에 관심 있는 고등학생을 대상으로 심리학 연구에 대해 더 깊이 이해할 수 있기를 바라며 "심리학자는 어떻게 연구하는가"라는 입문 강좌를 녹화했다. 이 영상은 정교하게 편집한 것도 아니고 손봐야 할 부분도 있었지만 내 자원으로 만들어낼 수 있는 결과물이었기에 자랑스러웠다. 이후 생각지도 못한 제안을 받았는데, 수업 중에 내가 소개한 툴을 보고 해당 제품 판매업자가 리드 유저로 새로운 기능 테스트를 도와달라며 연락해왔다.

이런 뜻밖의 성과들은 내가 허황된 욕심을 부려서 얻어진 것이 아니라 내 뜻대로 일을 열심히 해오다 보니 저절로 따라온 것이다. 반드시 원대한 꿈이 있어야 성과를 얻는 것은 아니다. 꿈의 크기가 중요한 것이 아니라 어떻게 하고 어떤 성과를 거두었는지가 핵심이다.

성취할 수 있는 것을 이뤘다면 그걸로 충분하다

나는 현장에서 수고하는 분들에게 늘 감사한 마음을 가지고 있다. 교수로 일하면서는 청소하시는 분들에게 유독 고마움을 느끼는데, 그들이 있기에 많은 일이 정상적으로 흘러가기 때문이다. 그들은 새로운 도구를 만들어내지는 않지만, 우리가 생산적인 일을 할 수 있도록 언제나 깨끗한 캠퍼스를 유지해준다. 출근할 때마다 웃는 얼굴로 사무실이나 강의실로 들어갈 수 있는 것도 그들 덕분이다.

내가 쉽게 만족하는 것처럼 보일지 모르지만, 이런 평범한 행복이야말로 많은 사람이 추구해야 할 것이라고 생각한다. 한 분야에서 내로라하는 사람은 결국 소수고, 세상에 하나뿐인 독보적인 존재가 되는 일은 어렵다. 걸출한 인물이 되는 것만 목표로 삼는다면 실망만 할 확률이 높다. 2022년 2월 베테랑 예능인 바거巴戈가 세상을 떠났다. 그의 자녀들이 바거에 대해 말하길, 아버지는 책임감이 강하고 언제나 유쾌했으며 생의 마지막 순간까지 가족과 함께 저녁을 먹는 것을 인생에서 가장 즐거운 일로 여겼다고 한다. 어떤 한 분야에서 위대한 업적을 이룬 것은 아니더라도 누군가의 인정을 받고 나의 빈자리를 느끼게 할 수 있다면, 그것도 일종의 성과다. 우리는 아직 누군가의 아버지나 어머니가 아닐 수는 있지만 분명 누군가의 자녀일 것이다. 그렇다면 최소한 자녀의 본분을 다하며 멋진 성과를 거둬보자.

티끌 모아 태산

요즘 시대에 착실하게 일해서 성공하는 사람은 드물다. 우리는 무엇을 하든 항상 빨리하려고 한다. 영상도 늘어지면 사람들이 보기 싫어할까 봐 짧을수록 좋다고 한다. 그런데 빨리 유명해진다는 것은 그만큼 빨리 사라질 가능성이 크고, 얻을 수 있는 유익이 상대적으로 제한적이라는 것을 의미한다. 그렇다면 하루아침에 유명해지길 바랄 필요가 있을까?

요즘 사람들은 남들 눈에 띄려고 급급하다 보니 한 걸음씩 착실히 일궈

내는 성과는 주목받지 못하는 것 같다. 그래서 자연스럽게 벼락출세할 수 있는 지름길을 찾으려고 하는 것일지도 모른다. 하지만 이는 아무 쓸모가 없다. 한동안 협력 파트너들이 플랫폼 노출 수를 높여주려고 애썼는데, 효과는 있었지만 플랫폼을 타고 유입된 사람들을 붙잡아 둘 방법이 없어서 결과적으로는 헛수고에 그치고 말았다. 모든 일이 연산을 거치는 요즘 시대는 한 번 반짝했을 때 그 성공이 나중에 도움을 주는 경우는 손에 꼽는다. 지속적으로 좋은 실적을 만들지 못하면 그 한 번의 반짝임은 유성처럼 금방 사라지고 만다.

그러므로 일약 스타가 되기를 꿈꾸기보다 순서대로 차근차근 과정을 밟아가는 것이 더 좋다. **착실한 방법으로 두각을 나타내면 꾸준히 빛날 만한 자격을 갖춘 것이다.** 회사에서 지속적으로 안정적인 모습을 보여줘도 충분히 돋보이지 않으면 눈에 띄기 어렵지만, 언젠가 주목받았을 때 그때야 다른 사람들이 나의 능력이 뛰어났다는 것을 알게 되더라도 그것이 오히려 나에게 더 좋은 일일 수 있다.

우리는 살면서 시도 때도 없이 다른 사람의 평가를 받지만, 그것보다 우리가 중시해야 하는 것은 자신이 한 일을 대하는 태도다. 오늘도 해야 할 일에 최선을 다했는가 아니면 무엇을 해야 하는지 몰라서 그저 남의 의견을 따라 목표를 좇기에 급급한가?

그저 운이 좋아 좋은 성과를 냈다면 기뻐하면 안 되고, 최선을 다했지만 다른 요소들로 인해 실패했다면 괴로워할 필요 없다. 우리는 즐거워하든 괴로워하든 스스로를 사랑하는 것만큼만은 잊지 말아야 한다. 나를 사랑하는 사람이야말로 더 나은 모습을 보여줄 수 있다. 이것이 내가 모두에게 가장 전하고 싶은 말이다.

Q28 왜 항상 일을 제대로 못했다고 생각할까?

첫째, 눈은 높은데 능력은 없다. 내 능력이 내가 생각하는 것보다 뛰어나지 않아서 일군 결과가 만족스럽지 못한 것이다. 아직도 현실감이 부족하다면 그것은 정말 큰 문제다.

둘째, 자만하지 않는다. 어떤 사람은 자신을 과대평가해 스스로 능력이 충분하다고 여긴다. 그래서 자기가 더 잘할 수 있을 것 같다고 생각하지만 '가장 잘하는 것'은 허황된 개념이며 '더 잘하는 것'이야말로 진실한 것이다.

처방전 → p.243

소소한 심리학 상식

지족

지족知足은 긍정심리학의 범주에 들어가지만, 상대적으로 연구가 덜 된 분야다. 대체로 자신의 상태와 가진 것이 딱 알맞다고 여기는 완전성을 강조한다. 이는 종교에서 말하는 원만함과 개념적으로 유사하지만, 실증적인 연구 결과, 둘 사이에 차이가 있다. 지족은 사무적인 활동과 비례하고 원만함은 영적인 활동과 비례한다. 원만함의 정도는 과정을 중시하는 정도와 연관성이 높다. 이렇듯 차이점이 존재하지만, 두 개념은 '받아들이는 것'과 높은 양의 상관관계가 있다.

심리학 처방전

Q25. 왜 결과를 담담하게 받아들이지 못할까?

처방전1 일을 할 때는 그에 맞게 지표를 다르게 설정해야 한다. 그리고 그 지표에 맞게 목표를 달성했는지 검토해서 점수를 매겨보자.

처방전2 다른 사람이 결과만 중시해도 나는 그 성과를 달성하기 위한 과정에서 어떤 일들을 완수해야 하는지 스스로에게 질문해야 한다. 목표 달성 여부와 상관없이 그 과정에서 내가 어떤 단계를 거쳐왔는지 점검하는 게 더 중요하다.

Q26. 왜 완벽을 추구하려고 할까?

처방전1 스스로 부끄럽지 않으면 된다. 다른 사람이 나를 지적해도 심각하게 받아들일 필요 없다. 내가 완벽하게 못해서 지적받을 수밖에 없다는 것을 인정하자. 비판은 필연적이다.

처방전2 나에게 제한을 거는 연습을 하면 어느 부분이 중요한지 발견할 수 있다.

Q27. 왜 사람들과 관계 맺기를 꺼릴까?

처방전1 친구를 사귀는 일에도 단계를 정해 다가가면 큰 부담 없이 인맥을 늘릴 수 있다.

처방전2 문제를 처리할 때 일에 대해서만 따지고 사람에 대해서는 판단하지 않는 연습을 하자. 사람을 상대로 확실하게 좋고 싫음을 구분하는 경향을 줄일 수 있을 것이다.

Q28. 왜 항상 일을 제대로 못했다고 생각할까?

처방전1 내가 어느 분야에 능력이 있는지 확실하게 파악하고 내 능력에 따라 목표를 설정한다.

처방전2 상대적이거나 추상적인 지표가 아니라 구체적인 지표로 성과를 평가한다.

효율성 연습

효율적인 사람이 되고 싶은가? 그렇다면 효율성 연습을 시작해보자. 효율적인 일 처리를 습관으로 만드는 것이다. 한 번에 모든 것을 연습할 필요는 없다. 내가 가장 쉽게 할 수 있는 것부터 하나씩 순서대로 진행하면 된다.

1. 살면서 내가 꼭 완성하지 않아도 되는 일 다섯 가지를 적어보자.

→ 버리는 연습을 할 수 있다.

①

②

③

④

⑤

2. 매달 한 명의 친구에게 내가 열정을 느끼는 일을 같이 하자고 설득하자.

→ 왜 그 일을 사랑하는지 돌아볼 수 있고, 예상 외의 이유를 발견할 수 있다.

3. 하루에 내가 완수해야 하는 목표를 최대 3개까지 정하자.

→ 집중하는 연습을 할 수 있다.

①

---

②

---

③

---

4. 특정한 일을 할 때 집중하는 시간을 몇 분 단위로 나눠야 하는지 기록하자.

* 예를 들어 일주일 일정을 정리하는 데 30분이 소요되는 것을 알았다고 하자. 이는 매번 집중하는 시간을 10분 단위로 나눴을 때 일주일 일정을 정리하는 데 집중하는 시간 단위가 3개 필요하다는 뜻이다

→ 일정을 계획하는 연습을 할 수 있다.

5. 일주일 동안 고정적으로 일하고 쉬는 연습을 하자.

→ 규칙적인 일과 휴식의 장점뿐 아니라 어떤 일을 언제 하면 적합한지(혹은 부적합한지) 알 수 있다.

6. 매달 내가 못하는 일을 가르쳐줄 친구를 찾자.

→ 아직 능력이 부족하니 너무 자만하지 말라며 스스로를 일깨울 수 있다.

7. 어떤 일을 하기 전에 최종 결과물을 제외하고 어느 부분을 완수해야 하는지 체크하자.

→ 과정을 중시하고 결과를 덤덤하게 바라보는 연습을 할 수 있다.

참고문헌

Lesson 1_ 한 번에 두 가지 일을 할 필요는 없다

- Benjamin C. Storm and Sean M. Stone, "Saving-Enhanced Memory: The Benefits of Saving on the Learning and Remembering of New Information", *Psychological Science*, Volume 26, Issue 2, 2014.
  https://doi.org/10.1177%2F0956797614559285
- Daniel Casasanto and Katinka Dijkstra, Motor Action and Emotional Memory, *Cognition*, Volume 115, Number 1, 2010.
  https://papers.ssrn.com/sol3/papers.cfm?abstract_id=1598460

Lesson 2_ 나쁜 습관과 도구 버리기

- Pam A. Mueller and Daniel M. Oppenheimer, "The Pen Is Mightier Than the Keyboard: Advantages of Longhand Over Laptop Note Taking", *Psychological Science*, Volume 25, Issue 6, 2014.
  https://doi.org/10.1177%2F0956797614524581
- Heather L. Urry, Chelsea S. Crittle, ..., and Jonah E. Zarrow, "Don't Ditch the Laptop Just Yet: A Direct Replication of Mueller and Oppenheimer's (2014) Study 1 Plus Mini Meta-Analyses Across Similar Studies", *Psychological Science*, Volume 32, Issue 3, 2021.
  https://doi.org/10.1177/0956797620965541

Lesson 3_ 정보는 신중하게 선택하기

- Simon Murch, Mike Thomson and John Walker-Smith, "Autism, inflammatory bowel disease, and MMR vaccine", *The Lancet*, Volume 351, Issue 9106, 1998.
  https://doi.org/10.1016/S0140-6736(05)70323-8

Lesson 5_ 내가 좋아하는 일하기

- Beatriz Muñoz-Seca, 《How to Make Things Happen》, Palgrave Macmillan, 2017.
  https://link.springer.com/chapter/10.1007/978-3-319-54786-2_14#enumeration
- Clement Bellet, Jan - Emmanuel De Neve and George Ward, "Does Employee Happiness have an Impact on Productivity?", *Social Science Research Network*, 2019.
  https://dx.doi.org/10.2139/ssrn.3470734
- Andrew J. Oswald, Eugenio Proto, and Daniel Sgroi, "Happiness and Productivity", *Journal of Labor Economics*, Volume 33, Number 4, 2015.
  https://doi.org/10.1086/681096
- Daniel Kahneman, Jack L. Knetsch, and Richard H. Thaler, "Experimental Tests of the Endowment Effect and the Coase Theorem", *Journal of Political Economy*, Volume 98, Number 6, 1990.
  https://doi.org/10.1086/261737

Lesson 6_ 어쩔 수 없이 해야 하는 일이라면

- Pablo Briñol, Derek D. Rucker and Richard E. Petty, "Naïve theories about persuasion: implications for information processing and consumer attitude change", *International Journal of Advertising*, Volume 34, Issue 1, 2015.
  https://doi.org/10.1080/02650487.2014.997080
- Kate A. Ranganath and Brian A. Nosek, "Implicit Attitude Generalization Occurs Immediately; Explicit Attitude Generalization Takes Time", *Psychological Science*, Volume 19, Issue 3, 2008.
  https://doi.org/10.1111%2Fj.1467-9280.2008.02076.x
- Jachimowicz, J. M., Wihler, A., Bailey, E. R., & Galinsky, A. D., "Why grit requires perseverance and passion to positively predict performance", *PNAS Proceedings of the National Academy of Sciences of the United States of America*, Volume 115, Issue 40, 2018.

https://doi.org/10.1073/pnas.1803561115

Lesson 8_ 열정은 쓸모 있지만 만능은 아니다

• Jon M. Jachimowicz, Andreas Wihler and Adam D. Galinsky, "When the Passionate Succeed: Employees' Passion Attainment Predicts Job Performance Only When Their Supervisors' Passion Attainment is Higher", *PsyArXiv Preprints*, 2018. https://doi.org/10.31234/osf.io/u8g3h

Lesson 9_ 집중하지 않는 게 아니라, 어디에 집중해야 하는지 모를 뿐

• Lavie, N., "Perceptual load as a necessary condition for selective attention", *Journal of Experimental Psychology*, Volume 21, Issue 3, 1995. https://doi.org/10.1037/0096-1523.21.3.451

Lesson 11_ 열심히 놀아야 전력을 다할 수 있다

• Brandon C. W. Ralph, Kris Onderwater, David R. Thomson and Daniel Smilek, "Disrupting monotony while increasing demand: benefits of rest and intervening tasks on vigilance", *Psychological Research*, Volume 81, Issue 2, 2017. https://doi.org/10.1007/s00426-016-0752-7

• Theodoros Karapanagiotidis, Diego Vidaurre, Andrew J. Quinn, Deniz Vatansever, Giulia L. Poerio, Adam Turnbull, Nerissa Siu Ping Ho, Robert Leech, Boris C. Bernhardt, Elizabeth Jefferies, Daniel S. Margulies, Thomas E. Nichols, Mark W. Woolrich and Jonathan Smallwood, "The psychological correlates of distinct neural states occurring during wakeful rest", *Scientific Reports*, Volume 10, Issue 1, 2020. https://doi.org/10.1038/s41598-020-77336-z

• Brian B. Cardini and Alexandra M. Freund, "Recovery from accumulated strain: the role of daily mood and opportunity costs during a vacation", *Psychology & Health*, Volume 36,

Issue 8, 2021.
https://doi.org/10.1080/08870446.2020.1809661
- Jan Packer, "Taking a break: Exploring the restorative benefits of short breaks and vacations", *Annals of Tourism Research Empirical Insights*, Volume 2, Issue 1, 2021.
https://doi.org/10.1016/j.annale.2020.100006

Lesson 12_ 유연하게 행동하여 집중력 높이기

- Fiona McNab, Gaëlle Leroux, Fredrik Strand, Lisa Thorell, Sissela Bergman and Torkel Klingberg, "Common and unique components of inhibition and working memory: An fMRI, within-subjects investigation", *Neuropsychologia*, Volume 46, Issue 11, 2008.
https://doi.org/10.1016/j.neuropsychologia.2008.04.023

Lesson 13_ 오래 생각하고, 경솔하지 말 것

- Peter E. Keller, "Mental imagery in music performance: underlying mechanisms and potential benefits", *Annals of the New York Academy of Sciences*, Volume 1252, Issue 1, 2012.
https://doi.org/10.1111/j.1749-6632.2011.06439.x
- Antigoni Fountouki, Stiliani Kotrotsiou, Theodosios Paralikas, Maria Malliarou, Zoe Konstanti, Georgios Tsioumanis and Dimitrios Theofanidis, "Professional Mental Rehearsal: the Power of "Imagination" in Nursing Skills Training", *Materia Sociomedica*, Volume 33, Issue 3, 2021.
https://dx.doi.org/10.5455%2Fmsm.2021.33.174-178
- Daniel Erlacher and Michael Schredl, "Practicing a Motor Task in a Lucid Dream Enhances Subsequent Performance: A Pilot Study", *The Sport Psychologist*, Volume 24, Issue 2, 2010.
https://doi.org/10.1123/tsp.24.2.157

Lesson 14_ 실수할 여지를 남겨라

- Yian Yin, Yang Wang, James A. Evans and Dashun Wang, "Quantifying the dynamics of failure across science, startups and security", *Nature*, Volume 575, Issue 7781, 2019. https://doi.org/10.1038/s41586-019-1725-y
- Lauren Eskreis-Winklerand Ayelet Fishbach, "Not Learning From Failure—the Greatest Failure of All", *Psychological Science*, Volume 30, Issue 12, 2019. https://doi.org/10.1177%2F0956797619881133

Lesson 15_ 가장 적은 자원으로 가장 많은 일하기

- Jarim Kim, "Consideration of future consequences and predictability: Examining six health behaviors with different levels of perceived severity", *The Social Science Journal*, 2020. https://doi.org/10.1080/03623319.2020.1808768

Lesson 17_ 규칙적인 일과 휴식의 중요성

- Jessica Rosenberg, Ivan I. Maximov, Martina Reske, Farida Grinberg, and N. Jon Shah, ""Early to bed, early to rise": Diffusion tensor imaging identifies chronotype-specificity", *NeuroImage*, Volume 84, 2014. https://doi.org/10.1016/j.neuroimage.2013.07.086
- Khoshouei M. S. and Farhadi N., "Comparison of job stress, stressful life events, and coping styles between shift and non-shift Personnel", *J Research Health*, Volume 4, Issue 4, 2014. http://jrh.gmu.ac.ir/article-1-452-en.html
- Elise R. Facer-Childs, Benita Middleton, Debra J. Skene and Andrew P. Bagshaw, "Resetting the late timing of 'night owls' has a positive impact on mental health and performance", *Sleep Medicine*, Volume 60, 2019.

https://doi.org/10.1016/j.sleep.2019.05.001

Lesson 18_ 고집스러워야 정확하게 계획할 수 있다

- Nicolas Gauvrit, Hector Zenil, Fernando Soler-Toscano, Jean-Paul Delahaye, and Peter Brugger, "Human behavioral complexity peaks at age 25", *PLoS Computational Biology*, Volume 13, Issue 4, 2017.
  https://doi.org/10.1371/journal.pcbi.1005408
- Magdalena Groborz and Edward Necka, "Creativity and Cognitive Control: Explorations of Generation and Evaluation Skills", *Creativity Research Journal*, Volume 15, Issue 2-3, 2003.
  https://doi.org/10.1080/10400419.2003.9651411
- Xiaoxin Hao, Fengji Geng, Tengfei Wang, Yuzheng Hu and Kejie Huang, "Relations of Creativity to the Interplay Between High-order Cognitive Functions: Behavioral and Neural Evidence", *Neuroscience*, Volume 473, 2021.
  https://doi.org/10.1016/j.neuroscience.2021.08.015

Lesson 19_ 옳은 일을 할 때 타협은 NO

- Leslie A. Musshafen, Rachel S. Tyrone, Aya Abdelaziz, Courtney E. Sims-Gomillia, Lauren S. Pongetti, Fei Teng, Lauren M. Fletcher and Jennifer C. Reneker, "Associations between sleep and academic performance in US adolescents: a systematic review and meta-analysis", *Sleep Medicine*, Volume 83, 2021.
  https://doi.org/10.1016/j.sleep.2021.04.015

Lesson 20_ 옳지 않다고 생각되면 하지 마라

- A. M. Kirkpatrick, "The Prison Dilemma", Volume 16, Issue 3, 1974.
  https://doi.org/10.3138/cjcc.16.3.282

Lesson 23_ 더 잘할 수 있는 사람이 있다면 내어줘라

- Michael Laakasuo, Anna Rotkirch, Max van Duijn, Venla Berg, Markus Jokela, Tamas David-Barrett, Anneli Miettinen, Eiluned Pearce and Robin Dunbar, "Homophily in Personality Enhances Group Success Among Real-Life Friends", *Personality and Social Psychology*, Volume 11, 2020.
  https://doi.org/10.3389/fpsyg.2020.00710
- Neuman, G. A., Wagner, S. H., & Christiansen, N. D., "The relationship between work-team personality composition and the job performance of teams", *Group & Organization Management*, Volume 24, Issue 1, 1999.
  https://doi.org/10.1177%2F1059601199241003

Lesson 25_ 과정은 치열하게, 결과는 담담히

- A. Pluchino. A. E. and Biondo, A. Rapisarda, "Talent vs Luck: the role of randomness in success and failure", *Advances in Complex Systems*, Volume 21, Number 3, 2018.
  https://doi.org/10.48550/arXiv.1802.07068

Lesson 26_ 큰 줄기를 파악하고 사소한 것에 구애받지 않기

- Oettingen, G., and Mayer, D., "The motivating function of thinking about the future: Expectations versus fantasies", *Journal of Personality and Social Psychology*, Volume 83, Issue 5, 2002.
  https://psycnet.apa.org/doi/10.1037/0022-3514.83.5.1198
- Heather Barry Kappes and Gabriele Oettingen, "Positive fantasies about idealized futures sap energy", *Journal of Experimental Social Psychology*, Volume 47, Issue 4, 2011.
  https://doi.org/10.1016/j.jesp.2011.02.003

Lesson 27_ 친구가 하나 늘면 적이 하나 줄어든다

- Rob Cross and Andrew Parker, 《The Hidden Power of Social Networks》, Harvard Business Revies Press, 2004.
  https://hbsp.harvard.edu/product/2705-HBK-ENG

Lesson 28_ 헛된 욕심은 금물! 할 수 있는 만큼만 하자

- Howard Berenbaum, Alice B. Huang and Luis E. Flores, "Contentment and tranquility: Exploring their similarities and differences", *The Journal of Positive Psychology*, Volume 14, Issue 2, 2019.
  https://doi.org/10.1080/17439760.2018.1484938

효율적인 인생을 위한 심리학자의 7가지 조언
나는 왜 바쁘기만 하고 실속이 없을까

초판 1쇄 발행 2024년 9월 30일

지은이 황양밍
옮긴이 박소정
펴낸이 성의현
펴낸곳 미래의창

책임편집 정보라
본문 디자인 강혜민

출판 신고 2019년 10월 28일 제2019-000291호
주소 서울시 마포구 잔다리로 62-1 미래의창빌딩(서교동 376-15, 5층)
전화 070-8693-1719 **팩스** 0507-0301-1585
홈페이지 www.miraebook.co.kr
ISBN 979-11-93638-49-1 03190

※ 책값은 뒤표지에 있습니다.